WESTEND

Alain Deneault

Die Herrschaft der extremen Mitte

Aus dem Französischen
von Christian Driesen

WESTEND

Conseil des arts du Canada | Canada Council for the Arts

We acknowledge the support of the Canada Council for the Arts.

Mehr über unsere Autoren und Bücher:
www.westendverlag.de

Die Deutsche Nationalbibliothek verzeichnet diese Publikation in der Deutschen Nationalbibliografie; detaillierte bibliografische Daten sind im Internet über http://dnb.d-nb.de abrufbar.

FSC www.fsc.org
MIX
Papier aus verantwortungsvollen Quellen
FSC® C083411

ISBN: 978-3-86489-298-1

Umschlaggestaltung: Buchgut, Berlin
Satz: Publikations Atelier, Dreieich
Druck und Bindung: CPI – Clausen & Bosse, Leck
Printed in Germany

Inhalt

Vorwort zur deutschen Ausgabe

Kein anderer Staat als Deutschland eignet sich unter den westlichen Ländern besser dazu, den Begriff der »extremen Mitte« zu veranschaulichen. Hier besteht die politische Macht seit 2005, und dies offiziell, zumeist aus einem Bündnis der beiden herrschenden Kräfte, die als Mitte-links- und Mitte-rechts-Parteien bekannt sind. Der Sozialdemokratischen Partei auf der einen Seite und dem Zusammenschluss aus Christlich-Demokratischer und Christlich-Sozialer Union auf der anderen Seite ist es gelungen, den Anschein zu erwecken, dass das Land von der Mitte aus regiert wird, ganz im Geiste des Kompromisses, der die individuellen Freiheiten garantiert, die sozialen Errungenschaften schützt und den industriellen und finanziellen Kapitalismus einhegt.

In Wahrheit verfolgen dieser Diskurs und die Politik, die von ihm verteidigt wird, weniger die Absicht, vielfältige Positionen in eine Form kreativer Zusammenarbeit zu bringen, als vielmehr eine extreme, gewalttätige und ungerechte Doktrin als notwendige und alternativlose Entscheidung zu verherrlichen, vor der keine historische Wirklichkeit die Augen verschließen kann. Alle anderen Positionen, so an den Rand gedrängt, werden schließlich als sekundär, idealistisch oder extremistisch angesehen.

Mehr als an anderen Orten lässt sich in Deutschland beobachten, dass sich die extreme Mitte im klassischen Links-rechts-Spektrum nicht verorten lässt, sondern dessen Abschaffung zugunsten einer extremistischen Ideologie vorantreibt, der es auf diese Weise gelingt, sich als notwendig, rational, ausgewogen und daher allein möglich darzustellen.

Politisches Handeln in der extremen Mitte besitzt drei Aspekte.

Zunächst gilt es, sich einem ideologischen Programm zu verschreiben, das in folgenden Punkten besteht: Förderung von Gewinnmaximierung großer Unternehmen; Zahlung von Dividenden an Großaktionäre; Zugang zu Steueroasen im Ausland; Senkung von Steuern, Zöllen und Abgaben im Inland; Umwandlung ökologischer Standards zu bloßen Lippenbekenntnissen; Rückbau des Sozialstaats; Minimierung der Rechte zum Schutz der Arbeitnehmer. Es spielt überhaupt keine Rolle, ob man sich dann als sozialdemokratisch, sozialliberal, neoliberal oder christdemokratisch bezeichnet, solang derlei Orthodoxie unangetastet bleibt. Diese verschiedenen Hüllen aus Parteibezeichnungen lenken die Menschen von der Tatsache ab, dass die Politik der extremen Mitte insofern extremistisch agiert, als sie zerstörerisch ist, was die Ökologie betrifft, ungerecht, was die soziale Gerechtigkeit anbelangt, und imperialistisch, was die bevorzugten Wirkmaßnahmen angeht. Mittextremistische Regime stehen für globale Erwärmung und massives Artensterben, sie vergrößern die Kluft zwischen den sehr Armen und den sehr Reichen und propagieren ihr Verhältnis zur Welt als das einzig maßgebliche unter den verschiedenen Kulturen und Glaubenssystemen.

Die Parteien der extremen Mitte sind schließlich auf private und öffentliche Medien angewiesen, die über ausreichend Wirkmacht verfügen, um im Verbund eine Reihe von Labels zu verbreiten, die den öffentlichen Akteuren anhaften. Die Anhänger der herrschenden Ideologie werden immerfort als *vernünftige*, *besonnene*, *normale*, *verantwortungsbewusste*, *gerechte Vertreter der Mitte* ausgewiesen, während über all jene, die es wagen, diese Ordnung zu kritisieren oder von ihr abzuweichen, der Bann ausgesprochen wird, sie seien *unverantwortliche*, *anarchistische*, *paranoide*, *verschwörerische*, *idealistische*, *verrückte* oder *extremistische* Elemente. In Frankreich stach dieses Vorgehen regelrecht ins Auge. Der Präsidentschaftskandidat François Hollande wurde 2012 unter der Bezeichnung »normaler Kandidat« gewählt, und zwar mit einem derartigen Erfolg, dass sein Nachfolger ganz offen der Mitte angehören konnte und im Namen eines notwendigen Zusammenschlusses über die traditionellen Parteigrenzen hinausging. So erschien Emmanuel Macron eher wie eine treibende Kraft der Geschichte denn als Verfechter einer missbräuchlichen und rückschrittlichen politischen Haltung.

Zuletzt untermauern die ausgewiesenen Experten, die von den Medien tagtäglich herbeizitiert und in ihren Sendungen und Kolumnen wie auf einem Tablett herumgereicht werden, diese Arbeit der Etikettierung und erklären sie zur schlichten Tatsache. Geradeso, als ob eine Kraft der Geschichte über die Regierungen käme, um sie dazu zu bringen, sich in eine Richtung zu entwickeln, die ihnen zutiefst eigen wäre, so als würde es sich dabei um ihr Schicksal handeln. Ganz gleich ob links oder rechts, *Klarheit* und *Realismus* müssten die Oberhand gewinnen, denn es sei an der Zeit, sich mit der Härte der ökonomischen Wirklichkeit und den Zwängen der Geschichte zu messen.

So spricht man mit uns.

Natürlich scheitert dieses Vorhaben. Statt der Abschaffung des Links-rechts-Spektrums zugunsten einer aus mehreren Parteien bestehenden extremen Mitte, die das immer gleiche Produkt anbietet, das die Wähler nur aufgrund unterschiedlicher Verpackungen zu akzeptieren vermögen, entsteht ein neues Spektrum. Die extreme Mitte bildet nunmehr den Gegenpol zur extremen Rechten. Aber auch hier muss betont werden: Abgesehen von erheblichen Unterschieden in Stil und Ausrichtung zu Fragen der Integration und Anerkennung von Minderheiten gibt es kaum Unterschiede zwischen diesen beiden Strömungen. Der Staat setzt sich auch weiterhin mit aller Macht für die Verteidigung der Interessen des Kapitals ein, nur tut er dies im ersten Fall mit einem Lächeln und im zweiten Fall mit einem Stirnrunzeln. Die extreme Mitte zeigt ihre Stärke mit einem Lächeln, behauptet, inklusiv und integrativ zu sein, passt ihr Regime an die am wenigsten kompromittierenden Klagen ihrer historischen Opfer (Frauen, Landbevölkerung, Arbeiter, Ausländer ...) an und bezieht sie als Akteure in den unvermeidlichen Gang, der sie durch die Geschichte führt, ein. Das ist die Kunst der *Governance*, des Regierens, eine Form der Verwaltung des öffentlichen Lebens, die sich direkt auf Theorien privatwirtschaftlicher Organisation stützt. Die extreme Rechte indes träumt davon, den Staat seiner verschiedenen Kleider zu entledigen, um ihn in seiner rohen und ursprünglichen Gewalt zu zeigen, das Kapital zu unterstützen und einem Sozialdarwinismus zu frönen, damit alle Benachteiligten als Bedrohung ferngehalten werden können. In Frankreich wiederum hat sich ein Emmanuel Macron, der sich zum Bollwerk gegen die extreme Rechte aufgeschwungen hat, bis zum heutigen Tage seiner Amtszeit als Vertreter eher handfester Ansätze behauptet, sofern er gegenüber den kleinen Leuten eine offen martialische und verächtliche Rhetorik anstimmt, während seine Polizei bei rechtmäßigen politischen Demonstrationen eine erschreckende Gewalttätigkeit an den Tag legt.

In Deutschland ist das Aufkommen der extremen Rechten, die sich nun als Widerpart der extremen Mitte präsentiert, besonders erschütternd. Es lässt sich durch die Verwirrung erklären, die von den Parteien der extremen Mitte in dem Maße erzeugt wurde, wie sie die entscheidenden politischen Bezüge des 20. Jahrhunderts zunehmend ausgehöhlt und schließlich vollkommen desavouiert haben. Ebenso kann es durch die Verunsicherung und Verzweiflung einer Vielzahl von Bürgern gegenüber der technokratischen Entwicklung Europas und einer globalisierten Wirtschaftswelt erklärt werden, die weder politische Eindeutigkeit noch Einflussmöglichkeit mehr zulässt. Radikale Linke und Umweltbewegung erscheinen wie Relikte vergangener Hoffnungen angesichts einer Welt, in der Unverständnis das Denken aus der Bahn wirft, um nur noch niederträchtigen Leidenschaften Platz zu lassen, aus denen die extreme Rechte mit wenig Aufwand einiges Kapital schlägt.

Es ist wichtig, diesen Politiken der extremen Mitte, dieser sinnlosen Technokratie des Regierens sowie den herrschenden mittelmäßigen Formen in unserem System Diskurse, Vorschläge, anregende und nachahmenswerte Wege entgegenzustellen, die der extremen Rechten angesichts des freien Falls, in der die Welt sich befindet, die Plattform entziehen.

Einleitung

Räumt die komplizierten Werke weg, Bilanzbücher tun's auch. Seid nicht stolz, nicht witzig, nicht einmal locker, denn ihr könntet arrogant wirken. Zügelt eure Leidenschaften, sie machen bloß Angst. Habt vor allem keine »gute Idee«, der Reißwolf ist voll davon. Diesen stechenden, rastlosen Blick, sänftigt ihn und entspannt eure Lippen – das Denken muss weich sein, und ihr müsst es zeigen. Man muss so von seinem *Ich* sprechen, dass es fast vollständig zusammenschrumpft: Man muss euch einordnen können. Die Zeiten haben sich geändert. Es hat keinerlei Sturm auf die Bastille gegeben, der Reichstag nicht gebrannt und die Aurora noch kein einziges Mal gefeuert. Dennoch, einen Angriff hat es sehr wohl gegeben, und der war von Erfolg gekrönt: Die Mittelmäßigen haben die Macht übernommen.

Was kann ein Mittelmäßiger am besten? Einen anderen Mittelmäßigen erkennen. Sie tun sich zusammen, kraulen sich gegenseitig das Fell und danken es mit einer Gegenleistung, um einem wachsenden Klan den Rücken zu stärken, denn schon bald werden sie andere Mittelmäßige anziehen. Wichtig dabei ist nicht so sehr, Dummheit zu vermeiden, als sie mit Bildern der Macht zu schmücken. »Wenn die Dummheit nicht dem Fortschritt, dem Talent, der Hoffnung oder der Verbesserung zum Verwechseln ähnlich sähe«, schrieb Robert Musil, »würde niemand dumm sein wollen«.[1] Es gilt, seine Unzulänglichkeiten dadurch zu verbergen, dass man sich normal gibt, sein Handeln pragmatisch zu nennen, doch niemals müde zu werden, alles zu perfektionieren, denn die Mediokratie duldet weder die Unfähigen noch die Inkompetenten. Man muss imstande sein, die Software zu bedienen, ohne Murren das Formular auszufüllen, ganz natürlich eine Formulierung wie »hohe Qualitätsstandards in Unternehmungsführung unter Beachtung der Grundsatzwerte« zu verwenden und im richtigen Augenblick den richtigen Personen »Guten Tag« zu sagen. Jedoch vor allem: *mehr nicht*.

Das Substantiv »Mittelmäßigkeit« (*Mediokrität*) benennt, was Mittelmaß, Durchschnitt ist, so wie sich »Überlegenheit« und »Unterlegenheit« auf das beziehen, was darüber oder darunter liegt. »Mittelheit« hingegen gibt es nicht. Doch Mittelmaß bezeichnet eher das aktive Mittel als den abstrakten Durchschnitt. Folglich ist die Mediokratie dieses zur Herrschaft gelangte Mittelstadium. Sie begründet eine Ordnung, in der der Durchschnitt keine abstrakte Größe mehr ist, durch die eine konkrete Sachlage mathematisch zusammengefasst werden kann, sondern eine zwingende Norm, die es zu verinnerlichen gilt. Sich innerhalb eines solchen Regimes als *frei* zu bezeichnen, ist dann nur eine Form, seine Wirksamkeit zu unterstreichen.

Die Teilung und die Industrialisierung der – manuellen wie intellektuellen – Arbeit haben großen Anteil an der Übernahme der mittelmäßigen Macht. Die Perfektionierung jedes einzelnen Arbeitsschritts zugunsten eines Ganzen, das niemand zu fassen bekommt, hat dazu beigetragen, aus Dummköpfen »Experten« zu machen, die *just in time* über Teilgebiete der Wahrheit schwadronieren, und den Arbeiter auf den Status eines bloß Ausführenden zu reduzieren, dessen »Lebenstätigkeit für ihn also nur Mittel ist, um existieren zu können.«[2] Karl Marx hatte 1849 festgestellt, dass das Kapital den Arbeitern das Gefühl für ihre eigene Arbeit nimmt, indem es sie zunächst auf eine Kraft, dann auf eine abstrakte Maßeinheit und schließlich auf ihre Kosten reduziert hat (der Lohn als Äquivalent dessen, was es braucht, damit der Arbeiter wieder zu Kräften kommt). Berufe gehen zunehmend verloren. Man kann Gerichte am Fließband zusammenstellen und zugleich außerstande sein, bei sich zu Hause etwas zu kochen; man kann Klienten am Telefon Anweisungen erteilen, die man selbst überhaupt nicht versteht; man kann Bücher und Zeitungen verkaufen, die man selbst nie liest … Der Stolz, gute Arbeit geleistet zu haben, verschwindet zwangsläufig. In den *Grundrissen der Kritik der politischen Ökonomie* von 1857/58 präzisiert Marx, dass »die Gleichgültigkeit gegen die bestimmte Arbeit einer Gesellschaftsform entspricht, worin die Individuen mit Leichtigkeit aus einer Arbeit in die andre übergehn und die bestimmte Art der Arbeit ihnen zufällig, daher gleichgültig ist. Die Arbeit ist hier nicht nur in der Kategorie, sondern in der Wirklichkeit als Mittel zum Schaffen des Reichtums überhaupt geworden«.[3] Dieses »Mittel«, das sich das Kapital für sein Wachstum gegeben hat, ist jene leblose Arbeit, die auch in den Augen des Arbeiters als das »einzige Mittel zum Lebensunterhalt« existiert. Unternehmer und Arbeiter sind sich zumindest in diesem Punkt einig: Aus dem Beruf ist eine Beschäftigung geworden, die einhellig als »Mittel« angesehen wird. Es handelt sich hier weder um ein Wortspiel noch um einen einfachen lexikalischen Zufall, wenn die Arbeit ausgerechnet in dem Moment zu einem bloßen »Mittel« avanciert, als sie die Gestalt eines strikt »mittleren«, eines durchschnittlichen Beitrags erhält. Die Übereinstimmung einer Tätigkeit mit ihrem mittleren Maß schlägt, wenn aufgezwungen und verallgemeinert, eine ganze Gesellschaft mit Trivialität. Etymologisch verweist das Mittel auf die Mitte und das Milieu im Sinne eines sozialen Gefüges, hier insbesondere das Arbeitsmilieu als Ort des Kompromisses, des faulen Kompromisses sogar, wo im Grunde keine Arbeit stattfindet. Das erweist sich insofern als heimtückisch, als der Mittelmäßige nicht untätig herumsitzt, sondern hart zu arbeiten versteht. Es bedarf sehr wohl der Anstrengung, eine groß angelegte Fernsehsendung zu produzieren, einen Antrag auf Drittmittel für Forschungen bei Förderinstitutionen zu erarbeiten, kleine aerodynamisch aussehende Joghurtbecher zu entwerfen oder den ritualisierten Ablauf eines Ministertreffens mit einer Delegation von Amtskollegen zu organisieren. Nicht jeder hat die *Mittel* dazu. Die perfekte Beherrschung der Abläufe ist sogar notwendig, um die unbeschreibliche geistige Faulheit zu kaschieren, die in so vielen konformistischen Glaubensbekenntnissen am Werk ist. Und der mühevolle Einsatz für eine Arbeit, die niemals die eigene, für ein Denken, das immer schon vorgegeben ist, führt schließlich dazu, dass man deren Mickrigkeit aus den Augen verliert.

In dieser Sache ist kein Ende abzusehen. Einst befand sich der Mittelmäßige in der Unterzahl. Jean de La Bruyère beschrieb ihn vor allem als ein niederträchtiges Wesen, das sich dank seiner Kenntnisse über Gerüchte und Intrigen der Mächtigen geschickt aus der Affäre zog. »Celsius ist mittelmäßig, aber einige Große dulden ihn: Er ist nicht gelehrt, er steht in Beziehungen zu Gelehrten; er hat wenig Verdienst, aber kennt Leute, die viel haben; er ist nicht geschickt, aber mit seiner Zunge kann er Dolmetsch werden und mit seinen Füßen von einer Stelle zur anderen laufen.«[4] Einmal die Herrschaft übernommen, werden die Celsius dieser Welt nur noch sich selbst nacheifern. Schritt für Schritt und ohne, dass sie selbst davon Kenntnis hätten, gelangen sie an die Macht. Durch Überwachung, ungerechtfertigte Vergünstigungen, Gefälligkeiten und Kungeleien kontrollieren sie die Institutionen. Schon immer gab es Kritik an diesem Phänomen, sobald es um sich zu greifen begann, wie die Tagebücher des Dichters Louis Bouilhet bezeugen, die von seinem Freund Gustave Flaubert zitiert werden: »Oh stinkende Macht des Mittelmaßes, Gebrauchsdichtung, Bauernliteratur, Kunstgeschwätz, Wirtschaftsgeschwafel, skrofulöse Produkte einer ausgelaugten Nation, mit meiner ganzen Geisteskraft verabscheue ich euch! Ihr seid nicht das Krebsgeschwür, ihr seid der Schwund! Ihr seid nicht die rote, heiße Phlegmone fiebriger Zeiten, sondern der kalte Abszess mit bleichen Rändern, der von weit hinabreichender Karies, wie von einer Quelle, abstammt!«[5] Aber hier werden nur Hochstapelei und Selbstgefälligkeit ins Visier genommen, ein zu wahrer Größe unfähiger Geist demaskiert, jedoch noch kein System, das sich mit dem Mäßigen begnügt und derlei Genügsamkeit strikt vorschreibt.

Laurence J. Peter und Raymond Hull haben als eine der ersten von einem solchen Mittelmäßigwerden eines ganzen Systems berichtet. Ihre in den Nachkriegsjahren entwickelte These lässt an Deutlichkeit nichts zu wünschen übrig: Die systeminternen Prozesse begünstigen die Besetzung von Machtpositionen mit durchschnittlich begabten Akteuren und drängen sowohl die »Hochbegabten« als auch die vollkommen Unbegabten an den Rand. Hier ein schlagendes Beispiel: In einer Lehranstalt will man niemanden arbeiten sehen, der unpünktlich ist und von der Sache nichts versteht, doch ebenso wenig wird die Rebellin geduldet, die die Struktur der Lehre grundlegend verändern will, um die Klasse mit benachteiligten Schülern zu einer der besten der gesamten Schule zu machen. Die Autoren des Buchs *Das Peter-Prinzip oder Die Hierarchie der Unfähigen* geben an, dass der Hauptvorwurf, der einer derart engagierten Person gemacht werden wird, gewiss darin besteht, den formalen Kriterien der Lehre zuwider zu handeln, doch vor allem, dass sie »dem Lehrer, der nun im nächsten Jahr mit den Kindern arbeiten müsse, die ihr Pensum längst beherrschten, große Sorgen bereitet«[6]. Einem Ausdruck Hans Magnus Enzensbergers zufolge sind es »sekundäre Analphabeten«, die die Lehr- und Forschungsinstitutionen massenweise produzieren. Dieses neue, maßgeschneiderte Subjekt wird mit nutzbaren Kenntnissen ausgerüstet, ist aber gleichwohl nicht in der Lage, deren ideologische Grundlagen zu hinterfragen. »Er hält sich für wohlinformiert, kann Gebrauchsanweisungen, Piktogramme und Schecks entziffern und bewegt sich in einer Umwelt, die ihn hermetisch gegen jede Anfechtung seines Bewusstseins abschottet«, fasst der deutsche Schriftsteller in einem Vortrag von 1985 mit dem Titel *Lob des Analphabetentums* zusammen.[7] Der mittelmäßige Gelehrte denkt niemals selbst, er delegiert sein Denkvermögen an Instanzen, die ihm Strategien zum Zweck seines beruflichen Fortkommens diktieren. Selbstzensur ist hier insofern zwingend, als er es versteht, sie als einen Beweis seiner Gerissenheit zu verkaufen.

Seitdem lässt sich die Tendenz, Nicht-Mittelmäßige außen vor zu lassen, überall beobachten, doch mit dem Unterschied, dass heutzutage Partei für die Mittelmäßigkeit ergriffen wird. Psychologen, die es sich in den Wirtschaftsschulen bequem gemacht haben, kehren die Wertverhältnisse um, indem sie individuelle Begabungen als einen Mehraufwand an »Selbstbeherrschung« fassen. Christy Zhou Koval von der Fuqua School of Business der Duke University, hauptverantwortlich für den Aufsatz »The Burden of Responsibility: Interpersonal Costs of High Self Control«, begreift die Arbeiterinnen und Arbeiter, die hohe Anforderungen an sich selbst stellen, als Subjekte, die, sollten sie Ausbeutung erfahren, gewissermaßen selbst dafür verantwortlich sind. Ihnen wird geraten, ihre Aktivitäten auf ein gesundes Maß zu beschränken. Die Neigung, ihre Arbeit gut zu machen und in einem umfassenden Sinn verantwortlich zu agieren, gilt nunmehr als Problem, denn sie handeln ihren »persönlichen« Zielen zuwider, sprich, ihrer Karriere, so wie sie von ihrem Arbeitgeber geplant wird.

Die Mediokratie bezeichnet also die zum Modell erhobene mediokre Ordnung. In diesem Sinne hat der russische Logiker Alexander Sinowjew allgemeine Aspekte des sowjetischen Regimes mit Begriffen beschrieben, die es in die Nähe unserer liberalen Demokratie rücken. »Das Mittelmaß des Mittelmaßes überlebt« und »Durchschnittlichkeit hat größere Erfolgschancen« konstatiert der Mitläufer in *Gähnende Höhen*, einer Satire in Romanform, die er 1976 klandestin veröffentlicht hatte: »Ich spreche von Durchschnittlichkeit als Durchschnitt. Und nicht über Erfolg bei irgendeiner Arbeit, sondern über sozialen Erfolg. Das alles sind verschiedene Dinge. […] Wenn eine Institution anfängt, merklich besser zu arbeiten als andere, wird man auf sie aufmerksam werden. Ist sie dann solchermaßen anerkannt, wird sie sich bald schon in ein Trugbild oder ein Musterbild verwandeln, das mit der Zeit ebenfalls zu einem mittelmäßigen Trugbild degeneriert.«[8] Als nächstes wird sich der Anschein von Arbeit gegeben, was wiederum einen Anschein von Ergebnissen erzeugt. Die Täuschung wird zu einem Wert an sich. So bringt die Mediokratie jeden dazu, alle Überlegungen willkürlich festgelegten Modellen, die von Autoritäten vorgegeben werden, unterzuordnen. Die Symptome heutzutage sind: irgendein Politiker, der seinen Wählern erklärt, sie mögen sich den Aktionären der Wall Street unterwerfen; irgendeine Professorin, die die Arbeit eines Studenten, der in seiner Power-Point-Präsentation über die bloßen Grundlagen eines Themas hinausgegangen ist, als »zu theoretisch und zu wissenschaftlich« beurteilt; irgendeine Filmproduzentin, die darauf besteht, dass eine Berühmtheit in einem Dokumentarfilm zu sehen ist, obwohl sie darin überhaupt keine Rolle spielt; oder auch irgendein Experte, der über das unvernünftige Wirtschaftswachstum schwadroniert, um sich dann auf die Seite der »Vernunft« zu schlagen. Bereits zu seiner Zeit sah Sinowjew darin eine den menschlichen Geist zurichtende Psychomacht: »Scheinarbeit bedarf nur eines Scheinresultates, genauer, nur der Möglichkeit, über die verbrachte Zeit Rechenschaft abzulegen; die Überprüfung und Bewertung der Resultate wird von Personen vorgenommen, die an der Scheinarbeit beteiligt sind, mit ihr in Verbindung stehen und an ihrer Aufrechterhaltung Interesse haben.«[9]

Jene, die an solcher Macht teilhaben, stellen ein komplizenhaftes Grinsen zur Schau. In dem Glauben, am schlauesten zu sein, geben sie sich mit Lebensweisheiten folgender Art zufrieden: *Man muss das Spiel mitspielen.* Das *Spiel* – ein selten schwammiger Begriff und damit für das mediokre Denken bestens geeignet – verlangt hier einmal, sich etablierten Regeln devot zu unterwerfen zu dem alleinigen Zweck, eine ausgesuchte Position auf dem gesellschaftlichen Spielbrett einzunehmen, andermal, mit diesen Regeln in vielfältigen Kungeleien, die den reibungslosen Verlauf eines Prozesses unter Aufrechterhaltung des Anscheins, alles ginge seinen Gang, zunichtemachen, bereitwillig sein Spiel zu treiben. Dieser naive Satz salbt das gute Gewissen betrügerischer Akteure. Im Zeichen dieser Parole, die die Augen leuchten lässt, versichern die Pharmaunternehmen, dass Prostatakrebs unter großem Kostenaufwand geheilt werden kann, obgleich er doch erst problematisch zu werden droht, wenn die Betroffenen ein Alter von etwa 130 Jahren erreicht haben. Unter dem Deckmantel von »das Spiel mitspielen« nehmen Mediziner in ihrem Bereich Eingriffe an Patienten vor, die diese nicht benötigen, denn jede Leistung zieht schließlich die den Vorschriften gemäße Bezahlung nach sich. Desgleichen werden sich Kontrolleure des Finanzamts, die zur Bekämpfung großer Wirtschaftsbetrügereien mit weitreichenden Mitteln ausgestattet sind, augenzwinkernd lieber an der Kellnerin festbeißen, die ihre Trinkgelder nicht versteuert hat; werden Polizisten Untersuchungen unterbinden, sobald Nachforschungen ins Umfeld des Premierministers führen; werden Journalisten tendenziöse Ausdrücke aus Pressemitteilungen der Mächtigen übernehmen, um gegenüber historischen Prozessen, mit denen sie nichts am Hut haben wollen, die Augen zu verschließen. Unterzieht man etwa den Anwärter auf einen Lehrstuhl erniedrigenden Initiationsriten, werden Logiken des Marktes und ihr Vorherrschen höher bewertet als Grundprinzipien öffentlicher Institutionen, die es schlicht und ergreifend zu umgehen gilt. *Spiel* bedeutet, die Beantragung staatlicher Gelder für die Kinderbetreuung zu Hause zu einem echten Geschäftsmodell zu machen, das dem Kindeswohl keine Beachtung schenkt. Es bedeutet, dass in einem Unternehmen alle neuen Mitarbeiter einen Workshop besuchen müssen, in dem sie gemeinsam beigebracht bekommen, wie sie sich in ihren informellen Beziehungen hintergehen können. Es bedeutet, auf die inneren Beweggründe eines Beschäftigten einzuwirken, indem man ihm sagt: »Ihre Identität ist Kapital und dieses Kapital gehört uns.« Gemeinsam »das Spiel mitspielen« wie russisch Roulette spielen, alles auf eine Karte, sein Leben aufs Spiel setzen, als wäre nichts dabei. Das alles hat was Verspieltes, das ist lustig, *das ist nicht echt*, wir spielen doch bloß, das ist alles nur eine riesige Show, die uns in ihrem perversen Gelächter verschlingt. Dieses Spiel, das mitgespielt werden soll, erscheint schlaglichtartig wie ein Zirkus, der zwar ein wenig kritisiert wird, in dessen Obhut man sich aber dauernd begibt. Gleichwohl hütet man sich davor, seine Grundregeln zu erklären, denn diese Regeln sind, den jeweiligen Umständen entsprechend, immerzu mit spezifischen, zumeist individuellen und willkürlichen, um nicht zu sagen missbräuchlichen Strategien verknüpft. Es herrschen Verlogenheit und Betrug, zum stillschweigenden *Spiel* desjenigen erkoren, der geschickt damit umzugehen weiß, zum Nachteil derjenigen, die er zu Dummköpfen abstempelt. Entgegen dem, woran der Ausdruck zunächst denken lässt – dass man sich noch besser selbst ausbeutet –, besteht »das Spiel mitspielen« darin, sich einzig und allein dem Gesetz der Habgier zu unterwerfen. Es handelt sich hierbei um eine Vorstellung, die das Verhältnis zum Opportunismus umkehrt, indem sie ihn als eine unbewusste gesellschaftliche Notwendigkeit hinstellt. Der »Experte«, worunter heutzutage die Mehrheit der Akademiker zählt, gilt selbstredend als zentrale Gestalt der Mediokratie. Sein Denken ist niemals ganz das seine, sondern Teil einer Denkordnung, die, obwohl durch ihn verkörpert, durch Eigeninteressen motiviert wird. So macht sich der Experte daran, ihre ideologischen Aussagen und Scheinargumente zu vermeintlich reinen Wissensobjekten umzugestalten – eben dies bezeichnet seine Funktion. Deshalb können wir von ihm keine starke oder originelle Aussage erwarten. Doch vor allem, und das wirft ihm Edward Saïd 1993 in seinen *Reith Lectures* für die BBC in erster Linie vor, ist der zeitgenössische Sophist, der dafür bezahlt wird, in einer bestimmten Art und Weise zu denken, von keinerlei naiver Wissbegier getrieben – mit anderen Worten, er mag nicht, wovon er spricht, sondern agiert innerhalb eines streng funktionalistischen Rahmens. »Was den Intellektuellen von heute, sowohl im Westen als auch im Rest der Welt, am meisten bedroht, ist weder die Universität noch die Entstehung von Randgebieten noch die erschreckend kommerzielle Gesinnung in Journalismus und Verlagswesen, sondern eher ein ganz eigenes Selbstverständnis, das ich Professionalismus nennen würde.« Die Professionalisierung stellt sich auf gesellschaftlicher Ebene in Form eines stillschweigenden Vertrags zwischen unterschiedlichen Produzenten von Wissen und Diskurs auf der einen Seite und den Kapitaleignern auf der anderen Seite dar. Erstere liefern und formatieren ohne eigenes Interesse an den Inhalten die praktischen oder theoretischen Daten, die letztere wiederum für ihre Legitimation benötigen. Daher macht Saïd beim Experten jene Züge aus, die alle Mittelmäßigen kennzeichnen: »›gebührend‹, entsprechend den Regeln *korrekten* Verhaltens handeln – ohne viel Aufhebens, im Rahmen verbindlicher Grenzen, indem man ›marktfähig‹ und vor allem ›salonfähig‹, unpolitisch, unauffällig und ›objektiv‹ wird.«[10] Von diesem Zeitpunkt an avanciert der Mittelmäßige für die Macht zu einem Mittel-Wesen, mittels dessen sie ihre Befehle zu übermitteln und ihre Ordnung noch stärker durchzusetzen vermag.

Diese soziale Tatsache führt das öffentliche Denken an einen Punkt von Konformismus, der sich ohne Überraschung als die Mitte, als Zentrum herausstellt, das zum politischen Programm erklärte Mittlere, das Durchschnittsmoment. Es wird zum Gegenstand von Wahlkampfveranstaltungen einer alle Lager umspannenden Partei, die der Öffentlichkeit nur einen Haufen unterschiedlicher Fetische anbieten kann, die Freud als »kleine Differenzen« beschrieben hat. In diesem Anschein von Uneinigkeit stehen weniger Grundsätze als Symbole infrage. Man muss herausfinden, wie in den Milieus der Macht, etwa den Parlamenten, den Gerichten, den Finanzämtern, den Ministerien, den Presseräumen oder Laboren, Ausdrücke wie »ausgewogene Maßnahmen«, »die goldene Mitte« oder »Kompromiss« zu derartig fetischisierten Begriffen werden konnten, dass nicht mehr unmittelbar einsichtig ist, ob es überhaupt noch einen Ort gibt, der nicht zur Mitte, zum Zentrum gehört, von dem aus man an dieser sprichwörtlichen Gleichgewichtung letztlich auch mitwirken kann. Gesellschaftlich betrachtet gibt es damit Denken nur noch in einem Zustand von Vorgleichgewicht. Wird es bereits in seinem Entstehungsprozess durch Parameter des Durchschnitts eingehegt, dann weil der Geist strukturell durch eine Reihe gemäßigter Ausdrücke neutralisiert wird, wobei jener der »Governance«, wahrlich der nichtssagendste unter allen, zum Markenzeichen avanciert ist. Denn in Wirklichkeit ist dieses Regime knallhart und tödlich. Doch sein Extremismus bleibt hinter der moderaten Fassade verborgen, sodass gemeinhin vergessen wird, dass Radikalität weniger etwas mit den Rändern des politischen Spektrums auf linker und rechter Seite zu tun hat als mit der Intoleranz, die überall dort zum Vorschein kommt, wo man nicht »bei sich« ist. Bürgerrechte besitzen so nur das Abgeschmackte, das Graue, das schlechthin Offenkundige, das Normative und die Reproduktion. Unter den Auspizien der Mediokratie ziehen sich Dichter in ihre engen vier Wände zurück, passionierte Wissenschaftler entwickeln Antworten auf Fragen, die niemand stellt, herausragende Ingenieure entwerfen Fantasiegebilde, während große Politiker in Kirchenkellern Selbstgespräche führen. Das ist die politische Ordnung der extremen Mitte, des Mittextremismus. Seine Politik lässt sich nicht so sehr mit einem bestimmten Ort im klassischen Links-rechts-Spektrum identifizieren als mit der Aufhebung dieses Spektrums zugunsten einer einzigen Art und Weise des Zugangs zum Wahren und zur logischen Notwendigkeit. Anschließend wird das Manöver mit Worthülsen eingekleidet – oder schlimmer noch: Die Macht wird Begriffe verwenden, die genau das verraten, wovor ihr eigentlich graut: Innovation, Partizipation, Verdienst und Engagement. Schließlich werden jene Geister, die das verlogene Spiel nicht mitspielen, vertrieben, und zwar, das versteht sich von selbst, in mittelmäßiger Manier per Ablehnung, Verleugnung und Ressentiment. Derartige symbolische Gewalt ist ein probates Mittel.

Die Mediokratie hält uns allerorten an, das Denken ruhen zu lassen, als unvermeidlich anzusehen, was sich als inakzeptabel, und als notwendig, was sich als empörend erweist. Sie idiotisiert uns. Dass wir die Welt mithilfe mittlerer Variablen denken, ist vollkommen verständlich, dass Menschen in jedem Aspekt dem Durchschnitt ähneln können, versteht sich auch von selbst, dass es eine geheime Anordnung gibt, der zufolge alle diesen Durchschnittstypus auf identische Weise verkörpern sollen, ist indes ein Sache, der niemand beizupflichten vermag. Der Ausdruck »Mediokratie« hat seine Bedeutung von damals, als er die Macht der Mittelklasse bezeichnete, verloren. Doch heute bezeichnet er nicht so sehr die Herrschaft der Mittelmäßigen als einen Zustand von Herrschaft, die durch Mittelmäßigkeiten als solche ausgeübt wird – was sie zur Währung für Sinngebung und bisweilen sogar zum Schlüssel fürs Überleben macht. Dabei geht sie soweit, dass sie diejenigen ihren hohlen Worten unterwirft, die nach Besserem streben und es wagen, Eigensinn zu beanspruchen.

1 Das »Wissen« und die Expertise

Der US-amerikanische Journalist Christ Hedges sagt es frei heraus: Die Akademiker sind verantwortlich für unsere Leiden in der Vergangenheit. Zwar stehen die meisten von ihnen der Welt fremd gegenüber – Spezialisten in klitzekleinen Bereichen, die zu keinem kritischen Bewusstsein mehr in der Lage, ganz von ihren Karrierestrategien eingenommen und in einer kollegialen, einer Art »Stammes«-Zugehörigkeit gefangen sind –, doch zeigt sich ihr Wirken eben dann, wenn man nach den Gründen für die uns alle betreffenden Gefahren fragt. Die sich ausweitende Umweltkrise etwa, die Einkommensungleichheiten, die zu Exklusionen auf nationaler und globaler Ebene führen, die Abhängigkeit von fossilen Energien, der Überkonsum und die geplante Obsoleszenz der Massenware, die Verkehrung der Kultur in eine Unterhaltungsindustrie, die Versklavung des Geistes durch die Werbung, die Vorherrschaft des internationalen Finanzsystems über die Wirtschaft sowie die Instabilität desselben – all das sind Probleme, die in Forschungen und durch universitäre Institutionen entwickelten Ideen gründen. Labore, Fakultäten und Institute von Universitäten bilden die fragliche »Elite« aus. Sind es nicht Personen in Entscheidungspositionen und Spitzenleute, die kraft ihres an der Universität erworbenen, erprobten und anerkannten Wissens die Welt, in der wir leben, gestalten und modellieren?

Wir haben allen Grund, uns darüber Sorgen zu machen, insistiert Chris Hedges in *The Empire of Illusions*, denn »die Eliteuniversitäten haben jeder Selbstkritik abgeschworen. Sie weigern sich, ein System infrage zu stellen, dessen einziger Daseinsgrund sein Erhalt ist. In diesen Institutionen sind allein Organisation, Technologie, Beförderung und Informationssysteme von Bedeutung.« Aus der Universität ist eine Komponente des heutigen industriellen, finanzwirtschaftlichen und ideologischen Dispositivs geworden, nicht mehr und nicht weniger. In diesem Sinne reklamiert sie eine »Wissensökonomie« für sich, an der mitzuwirken sie sich brüstet. So liefert die Universität den Unternehmen Expertenwissen sowie entsprechend benötigtes Personal, bezahlt aus öffentlichen Mitteln. Für 500 Millionen Dollar verkauft das Energy Biosciences Institute der Universität Berkeley die Arbeit ihrer Forscher und die Ausrüstung an das Ölunternehmen British Petroleum (BP). »British Petroleum kann also eines seiner eigenen Forschungszentren schließen und von den durch die öffentliche Hand finanzierten Laboren profitieren«, muss Hedges schlussfolgern. In den Vereinigten Staaten und Kanada – bis man dies auch in Europa für eine gute Idee hält – gibt sich hier eine Universität den Namen Rockefeller, ziert dort ein Gebäude der Name Desmarais, wird hier ein Lehrstuhl von GoldCorp gestiftet, verliert dort ein Unterrichtsraum seine Nummer zugunsten der Bezeichnung PriceWaterhouseCoopers, ist hier ein Stipendium durch den untilgbar mit seinem Namen verbundenen Stifter Bosch auf ganz selbstverständliche Weise bekannt.

Die Universität hat zu ihren Kunden, welche die von ihr in Serie produzierten hellen Köpfe kaufen, ein Verhältnis von solcher Abhängigkeit entwickelt, dass selbst Max Weber sich verwundert die Augen gerieben hätte. Obwohl er bereits vor einhundert Jahren die »Mittelmäßigkeit« anprangerte, in der die Universität versank, indem sie ihre Organisation der allerorten grassierenden Kommerzialisierung opferte. Seinerzeit wurde der Inhalt der Kurse zur Ware, zugunsten von Kunden, die, wie sich herausstellte, die Studenten waren. Lehrende und Professoren blamierten sich, um Studenten für sich zu gewinnen, die von der Konkurrenz der Institutionen untereinander geplagt wurden. Das hat das Verhältnis zur Forschung dermaßen verdorben, dass in den Augen von Weber Entscheidungen und Auswahlprozesse, die Institutionen treffen, nur mehr dem reinen »Zufall« unterliegen. Der Forscher, getrieben durch unstillbare Leidenschaften, mächtige Ahnungen, eine selbstständige Einbildungskraft und den Sinn für Arbeit, konnte also den Wunsch, in seiner Arbeit erfolgreich zu sein, nur hegen, wenn er zu alldem noch ganz andere Gaben mitbringen würde, die es ihm ermöglichten, in den institutionellen Arkana zu Werke zu gehen. Indem sie derlei »äußere Bedingungen des Gelehrtenberufs« unumgänglich machte, wie Weber 1919 in seinem Aufsatz *Wissenschaft als Beruf* beschrieb, ermuntere die Institution zur Mittelmäßigkeit. »Es wäre unrecht, für den Umstand, dass zweifellos so viele Mittelmäßigkeiten an den Universitäten eine hervorragende Rolle spielen, persönliche Minderwertigkeiten von Fakultäten oder Ministerien verantwortlich zu machen. Sondern das liegt an den Gesetzen menschlichen Zusammenwirkens, zumal eines Zusammenwirkens mehrerer Körperschaften«.[1]

Das war alles noch gar nichts. Heutzutage sind die Studierenden keine Konsumenten von Lehre und Diplomen mehr, die auf dem Campus feilgeboten werden, sondern sie haben selbst den Status von Produkten erlangt. Die Universität verkauft, was sie aus ihnen macht, an private Unternehmen und andere, sie finanzierende Institutionen, kurz, ihre neuen Kunden. Der Präsident der Universität von Montréal hat dies im Herbst 2011 im Brustton der Überzeugung bestätigt: »Die Köpfe müssen den Wünschen der Unternehmen entsprechen.« So wurde die Institution bis hinein in ihre Entscheidungsgremien und Einflussgruppen von Beamten gemanagt, die den Sektoren Bank (Banque Nationale), Pharmazie (Jean Coutu), Industrie (SCN-Lavalin), Energie (Gaz Métro) oder Medien (Power Corporation und Transcontinental) entstammen. Der Geschäftsplan dieser Wissenszentrale ähnelte plötzlich den Zielen eines ganz gewöhnlichen Fernsehsenders, sofern er jene Erklärung von Patrick Le Lay, Intendant von TF1, ernst nahm, der 2004 verkündet hatte, sein Sender verkaufe »Zeit von verfügbarem menschlichem Geist« an Coca-Cola.

Libero Zuppiroli hat dasselbe in der Schweiz beobachtet. Als aus der École polytechnique von Lausanne das Swiss Institute of Technology Lausanne wurde, schossen plötzlich, unter Berufung auf Innovation,

Exzellenz und Produktivität, seltsame Fächer wie Pilze aus dem Boden. Selbstverständlich unterstanden sie gänzlich kommerziellen Interessen, so zum Beispiel die angesagten Neurofinance-Theorien, ein neues Forschungsfeld, das »die Denkmechanismen, die den Handelsoperationen vorausgehen, besser zu verstehen beabsichtigt«. Nachzulesen in seinem Buch *La bulle universitaire* von 2010.

Die Institutionen, die die Universitäten evaluieren, kaprizieren sich schließlich auf quantitative (Anzahl der Veröffentlichungen von Professoren, Menge der diplomierten Studierenden, Rankings usw.), fetischistische (ausgewählte wissenschaftliche Zeitschriften, angesagte Themen, Zugehörigkeit zu Netzwerken, Veröffentlichungen in englischer Sprache usw.) und werbewirksame Elemente (Sponsoring, Partnerschaften, Medienpräsenz usw.).

Solche »Governance« der Universität erzeugt nicht nur Leerlauf, sie korrumpiert auch vollkommen die Institution, wie der Quebecer Soziologe Gilles Gagné am 10. März 2012 in der Zeitung *Le Devoir* ausgeführt hat: »Wenn ich ein Verfahren entwickle, um viereckige Tomaten herzustellen, und es an ein Unternehmen verkaufe, das das genial findet, weil so die Tomaten viel besser auf ihre viereckigen Hamburger passen, trage ich dann zur Allgemeinbildung bei? Nein. Ich trage zur Bildung jenes Typen bei, dessen Arbeit darin besteht, viereckige Hamburger im Auftrag des Unternehmens herzustellen, das seine Tomatenforschungen finanziert hat.«

Den Verstand verlieren

Das Denken wird mittelmäßig, sobald sich Forscher nicht mehr darum bemühen, den von ihnen erarbeiteten Aussagen Sinn zu verleihen. Ein anderer deutscher Denker des frühen 20. Jahrhunderts, Georg Simmel, prophezeite jenen Forschern, die in einer solchen Haltung verharrten, ein tragisches Schicksal. Als ob das Denken, ökonomisch auf Linie gebracht, die Mängel seiner eigenen Institution praktisch umsetzte. Es muss auf Biegen und Brechen Erkenntnisse produzieren, ganz gleich, ob sie der Welt von Nutzen sein können. Die Theorie selbst tendiert dazu, inflationär zu werden. Die Abhandlung *Der Begriff und die Tragödie der Kultur* spricht von einem derartigen Zwang zur Produktion, dass der Geist nicht mehr folgen, sich nicht mehr wiedererkennen, sich nicht mehr erklären kann. Die Maschine heult auf und produziert Wert nur, um einen strukturellen Produktivismus zu befriedigen, der mit dem singulären Akt des Denkens nichts mehr gemein hat. In erster Linie, weil die objektiven Elemente, durch die das Denken vermittelt wird, sprich, die Bücher, die Berichte und die Werke, die ihrerseits aus Theorien, Begriffen und Tatsachen bestehen, im Übermaß vorhanden sind. Es gibt dermaßen viel zu berücksichtigen, dass der Verstand den Weg, der ihn zur Ausarbeitung eines Werks führen soll, immer schon verstellt vorfindet. In derlei Sumpf wissenschaftlicher Produktion feststeckend, läuft er seinerseits Gefahr, dem Ganzen auch nur wieder einen weiteren Aspekt hinzuzufügen, was das Problem dann noch weiter verschärft. So entfernt man sich merklich vom Erkenntnisprozess, d. h. sich darüber bewusst zu werden, wozu der Geist imstande ist: »In dem Glück des Schaffenden an seinem Werk, so groß oder gering dies sei, liegt neben der Entladung der inneren Spannungen, dem Erweise der subjektiven Kraft, der Genugtuung über die erfüllte Forderung wahrscheinlich immer noch eine sozusagen objektive Befriedigtheit darüber, dass dieses Werk nun dasteht, dass der Kosmos der irgendwie wertvollen Dinge nun um dieses Stück reicher ist.«[2] Der hegelsche Prozess des Geistes, den Simmel hier im Sinn hat, ist nicht mehr denkbar. Das Maß ist jetzt voll, der Weg zur Verwirklichung des Denkens verstopft. Der Produktivismus und sein Akkumulationsprozess haben den Sieg davongetragen. Die galoppierende Vervielfachung der Verweise und Bezüge blockiert den Geist in seiner langsamen und innigen Arbeit der Anverwandlung. So stellt sich Mittelmäßigkeit ein. Betäubt angesichts des Berges an Stoff, der sich vor ihm auftut, und gegenüber der unendlich kleinkarierten Fragestellung, der nachzugehen ihm angeboten wird, verliert der Forscher seinen Verstand. Es scheint kein Sinn mehr darin zu liegen, ein weiteres Werk zu vollenden und dem Kanon der Kultur hinzuzufügen, wenn man bedenkt, was die Alten bereits vollbracht haben. Also tauchen Bürohengste in Scharen auf, die sich ihrerseits mit der Produktion reihenweiser Erkenntnisse zufriedengeben, ohne sich um den tieferen Sinn zu scheren, den ihr Vorhaben darstellen könnte. Ein weithin anerkannter Philologe, der von Simmel als Beispiel herangezogen wird, produziert so auf massive Weise und ohne jedwede Perspektive Wissen.

> *»Die philologische Technik etwa ist einerseits zu einer unübertrefflichen Feinheit und methodischen Vollkommenheit entwickelt, anderseits wachsen die Gegenstände, die so zu bearbeiten ein wirkliches Interesse der geistigen Kultur ist, nicht sehr schnell nach, und so wird die philologische Bemühung vielfach zu einer Mikrologie, einem Pedantismus und einer Bearbeitung des Unwesentlichen – gleichsam ein Leergang der Methode, ein Weitergehen der sachlichen Norm, deren selbständiger Weg nicht mehr mit dem der Kultur als einer Lebensvollendung zusammenfällt. In vielen Wissenschaftsbezirken erwächst auf diese Weise das, was man das überflüssige Wissen nennen kann […]. Das ungeheure, auch durch ökonomische Gunst getragene Angebot von Kräften, die zu geistiger Produktion gewillt, oft auch begabt sind, hat zu einer Eigenwertung jeglicher wissenschaftlicher Arbeit geführt, deren Wert eben vielfach nur eine Konvention, beinahe eine Verschwörung der Gelehrtenkaste ist […].«*[3]

Forschung geht damit in eine tragische Phase über. Je mehr die Institutionen produzieren, umso unmöglicher scheint es, derlei Produktion als nützlichen Beitrag zu integrieren und so weiter und so fort. Kulturelle Produktion wird dann aus ihrer subjektiven Verankerung herausgelöst und den autonomen Imperativen institutionalisierter Forschung unterworfen.

Von gelehrten Meinungsmachern

Innerhalb dieser »Ökonomie« kann es heutzutage vorkommen, dass die Universität keine Forschungsergebnisse mehr, sondern nur noch ihr Markenzeichen verkauft, das sie auf Berichte klatscht und dessen

Rechte sie besitzt. Ein Kommunikationsunternehmen wie Edelman hält es für selbstverständlich, wenn es seinem Partner TransCanada, Betreiber einer quer durch Quebec verlaufenden Ölpipeline, den Vorschlag unterbreitet, einen Kommunikationsplan zu erstellen, damit das Projekt von der betroffenen Bevölkerung akzeptiert wird. Also raten Edelmans Strategen TransCanada, eine Quebecer Universität zu finanzieren, sodass ihre Forscher das Projekt als ökologisch unbedenklich einstufen. Sie weisen darauf hin, dass »eine groß angelegte Finanzierungskampagne« ausreichen sollte, um derlei Ergebnisse zu erhalten, »das könnte helfen zu zeigen, dass TransCanada solche Themen ernst nimmt, und ein besseres Bild abzugeben.« Das Papier wurde im November 2014 von Radio Canada öffentlich gemacht. Es fand sich niemand aus der Professorenschaft oder der Verwaltung, der die Situation anprangern und auf das womöglich Skandalöse der Aussage hindeuten wollte. Die Universitätsbeamten fühlten sich durch das öffentlich gemachte Dokument, das sie gleichwohl als korrumpiert darstellte, keineswegs in Verruf gebracht.

Da sie sich ohne Wenn und Aber großen Unternehmen sowie Machtinstitutionen angedient haben, sind die Forschungseinrichtungen nicht dabei stehengeblieben, Wissen an ihre Kunden zu verkaufen. Sie wurden auch zu Partnern in Sachen Manipulation. Für die Lobbyisten bleiben die Universitäten ein Ass im Ärmel, auch wenn sich ihre Praktiken als äußerst problematisch herausstellen. Falsch wäre es, derlei Aktivität nur auf die Anwerbung von Abgeordneten zu reduzieren, um sie dazu zu bringen, so oder so abzustimmen. Diese Meinungsexperten arbeiten noch viel umfassender daran, bestimmte Umstände zu kreieren, die die gewählten Repräsentanten, ohne sie unbedingt dazu auffordern zu müssen, dazu zwingen, ihre Entscheidungen in die eine oder andere Richtung zu lenken. Um direkt auf die Realität einzuwirken, versuchen die Lobbyisten ein ihren Interessen günstiges Klima zu erzeugen, etwa indem sie öffentlichkeitswirksam »Experten« zurate ziehen, die von der Industrie finanziert werden. Es ist das reinste Spektakel. Eric Eugène, der selbst als Lobbyist erfolgreich war, erläutert in seinem Insider-Bericht von 2002 *Le Lobbying est-il une imposture?*

(»Lobbyismus, eine Täuschung«, Anm. d. Red.), dass seine Arbeit über unzählige Mittel verfügt, ein Ziel zu erreichen, eine Entscheidung seitens der Behörden zu erwirken, darunter Korruption, Einschüchterung, Manipulation und die Einleitung von Untersuchungen. Ihm zufolge ist es gang und gäbe, einen Gelehrten zu finden, der an dem ganzen Zirkus teilnimmt. Woher kommt der Experte, was ist sein Karriereplan? Arbeitet er im öffentlichen Sektor und, wenn dem so ist, denkt er, dort seine Karriere zu beenden, oder plant er, in den privaten Sektor zu wechseln? »Wer finanziert das (öffentliche oder privatwirtschaftliche) Labor, in dem er arbeitet? Klar ist, dass der Experte nicht unabhängig ist und dass seine Arbeiten zwangsläufig durch die Art der Finanzierung beeinflusst sind«, schreibt er reumütig in seinem Buch.

Was nun die Pipeline in Quebec anbelangt, so schlug Edelmann TransCanada einerseits vor, Detektive auf die gegen das Projekt protestierenden Umweltschützer anzusetzen, sie gegebenenfalls mittels Veröffentlichungen finanzieller oder strafrechtlicher Art zu diskreditieren, und andererseits überall der Ölindustrie wohlgesonnene Demonstrationen zu organisieren und deren »Aktivisten« direkt zu finanzieren. Die Agentur hatte ebenfalls die Idee, etliche Internetuser dafür zu bezahlen, die sozialen Medien mit ihrer Botschaft zu überschwemmen. Politiker wie Pierre Marc Johnson, Lucien Bouchard und Monique Jérôme-Forget, die das Projekt unterstützten, wären ebenso zu einem Beitrag herangezogen worden, wenn der fragliche Plan in den Medien keinen Anklang gefunden hätte. In einer solchen Gemengelage treten schließlich, wie so oft, die Wissenschaftler von der Universität auf den Plan. Sie müssen nur das Spiel mitspielen und den Anschein wahren, ohne zu viele Fragen zu stellen über die Sache, an der sie mitwirken.

Es ist dröge: Es ist Wissenschaft

Der Dünkel des Wissensmanagers ist stets derselbe: sich für jemanden ausgeben, der über die Sprache vorherrscht, und so tun, als ob man, wie es gerade beliebt, die Signale einsetzen könnte, auf welche die

Sprache reduziert wird, um mit ihrer Hilfe seine Mitbürger dazu zu bringen, Geld in die eigene Richtung zu lenken. Man entfernt aus einem Antrag dieses aus der Mode gekommene Wort, und setzt, obwohl man ihn kaum kennt, auf jenen Ausdruck, der in aller Munde ist; dann vollzieht man einen regelrechten lexikalischen Slalom mit einer Reihe von hinzugestellten Begriffen, um ein kunterbuntes Durcheinander von warm und kalt, Engel und Dämon, Käuflichkeit und Ethik, Konsens und Revolution zu entfalten. Die Großspurigkeit zeigt sich letztlich in dem Versprechen, dass an jenem Tag eine andere Haltung eingenommen wird, an dem der sprichwörtliche Schatz gefunden worden ist: *Ich glaube zwar kein Wort von dem Geschwafel meines Drittmittelantrags, doch man gebe mir Geld und werde sehen, aus welchem Holz ich geschnitzt bin.* Als sei man stärker als die Wörter, mit denen man paktiert hat, als besäße man die Sprache und nicht umgekehrt. Was hat man doch Blanchot nicht gelesen, was hat man doch Derrida links liegen lassen, was hat man doch Lacan nicht verstanden, was verhöhnt man doch Kristeva! Sobald sie von den Institutionen der Macht für ihre Feigheit belohnt worden sind, werden diese Söldner des Wortes spröde und steril, vergessen sie kritische Begriffe, von denen sie sich abgewendet haben, klammern sie sich an ihre Geschäftspartner wie an Bojen und sind schon damit beschäftigt, sich bei ihresgleichen zu revanchieren, indem sie dieselben Ideologeme in den von ihnen geteilten Ausdrücken gebrauchen.

Bereits seit vielen Jahrzehnten, wenn nicht gar teilweise seit ihrer modernen Neugründung, arbeitet die Universität daran, für all jene manipulierbar zu werden, die sie zu finanzieren wünschen. Das Buch *Mittelmaß und Wahnsinn* von Hans Magnus Enzensberger erinnert an die weit zurückreichende Herkunft des Problems:

> *»Den Zweck, den die Alphabetisierung der Bevölkerung verfolgte, hatte nichts mit Aufklärung zu tun. Die Menschenfreunde und die Priester der Kultur, die für sie eintraten, waren nur Handlanger der kapitalistischen Industrie, die vom Staat verlangte, dass er ihr qualifizierte Arbeitskräfte zur Verfügung stellte. […] Von einem ganz anderen Fortschritt war die*

Rede. Er bestand darin, die Analphabeten, diese »allerniedrigste Menschenklasse«, zu zähmen, ihnen ihre Phantasie und ihren Eigensinn auszutreiben und fortan nicht nur ihre Muskelkraft und ihr handwerkliches Geschick, sondern auch ihre Gehirne auszubeuten.«[4]

Der Habitus des Akademikers besteht darin, sich dominieren zu lassen. Da er sich in vollkommen desolater Lage befindet, scheint allein Geld seinen Praktiken Festigkeit zu verleihen. Welche Form seine eigene Sprache innerhalb der Forschungsarbeit annimmt, leitet sich aus dieser Kapitulation ab. Im universitären Schreiben herrscht eine implizite Regel vor – und sie wird alsgleich explizit gemacht, sobald jemand gegen sie verstößt –, nämlich, dass der Wissenschaft eine Prosa angemessen ist, deren Ton neutral, gesetzt und ausgewogen ist. Dröge, wenn möglich. Stilistisch betrachtet muss eine Aussage, die den Status als Wissen beansprucht, um die Achse der goldenen Mitte oszillieren. Ist das nicht der Fall, macht sich Unbehagen breit. Ein angesehener Professor wird ein Thema aufgreifen, sobald es in einer Weise präsentiert wird, die mit den Erfordernissen objektiven Denkens nichts zu tun hat. Wenn ihm Darstellung und Form den Anforderungen des Milieus unangemessen erscheinen, er die Relevanz aber anerkennt, dann lässt er sich vielleicht noch dazu herab, es wieder aufzugreifen, jedoch ohne sich namentlich darauf zu beziehen. Denn der Ton ist entscheidend.

Der Ton hat in erster Linie etwas mit der Wortwahl zu tun. Vorzugsweise sollen, um eine Sache zu bezeichnen, Begriffe mit wissenschaftlichem Anstrich verwendet werden, und sei es nur, um anzudeuten, dass der entwickelte Gedanke nicht *in situ* eingeschrieben ist. Zum Beispiel nicht von »Geld« sprechen, sondern nur von »Geldmitteln«. Ebenso keine Ausdrücke gebrauchen, die in der Vergangenheit emotional aufgeladen waren: also vermeiden, von »politischen Unruhen« zu sprechen, und stattdessen »Resilienz« sagen. Nicht von »Klassen« handeln, sondern von sozialen »Kategorien«. Man hat sogar schon die Nase bei dem Ausdruck »Steuergerechtigkeit« gerümpft – »zu politisch«.

Anschließend geht es darum, bekannte gesellschaftliche Akteure nicht mit schonungslosen Begriffen zu überziehen, vor allem dann, wenn sie über große Macht verfügen wie etwa multinationale Konzerne. Man könnte darin eine Form von Ressentiment erkennen, das, würde der Soziologe Max Weber streng ausgelegt, der Forderung nach axiologischer Neutralität zuwiderläuft. Um derlei unangenehme Eindrücke zu vermeiden, sollte man besser jedwedes Strafrechtsvokabular vermeiden und so tun, als ob ausschließlich Juristen zu dessen Verwendung berechtigt wären – gegebenenfalls von »zweifelhaften Aktionen« und »schlechter Governance« sprechen und nicht so sehr von »Verbrechen« und »Plünderungen«. Begriffe des Strafrechts werden ausschließlich für Machenschaften verwendet, die von Gerichten auch als solche bezeichnet wurden – so kann man beispielsweise das Verhalten eines Bernard Madoff ganz offen »kriminell« nennen. Als ob sich alle wissenschaftlichen Fächer jener spezifischen und stark begrenzten Disziplin des Rechts unterordnen lassen müssten. Keine Beachtung wird dabei der vom Soziologen Émile Durkheim formulierten Einsicht geschenkt, wonach, was der Kriminalität entstammt, eine Angelegenheit aller Bereiche des Denkens und der Kultur darstellt.

Zu den bereits bewährten Begriffen kommt dann in normativem Ton der Bezug hinzu: Man solle sich doch mehr an tradierte Begriffe wie »Sicherheit des Staates« oder »Gesellschaftsvertrag« halten, als die dämonischen Überlegungen von Denkern wie Louise Michel oder Herbert Marcuse wieder aufzugreifen. Also die Probleme eher im Hinblick darauf betrachten, wie die Welt vorzugsweise zu sein habe (und damit abstrakte Begriffe von Norm, Gerechtigkeit und Diskursethik bevorzugen), und weniger Grundlagen für eine begriffliche und an den Gegebenheiten orientierte Reflexion darüber schaffen, was zu werden sie im Begriff ist (Oligarchie, Plutokratie oder Finanztotalitarismus). Des Weiteren gilt als Unterpfand der Mäßigung die Fabrikation von Substantiven, ausgehend von Präsenspartizipien wie etwa »Migrierendes«, »Beratendes«, »Überlebendes«, »Militierendes« und »Regierendes«. Das Gerundium hat passivischen Charakter und verweist demnach auf einen geschichtslosen Zustand – einmal zum Begriff geworden, handelt es von Dingen in entkörperlichter Form. Man brüstet sich damit, in dunkle Geschäfte verwickelte Akteure »nicht beim Namen zu nennen« und derlei Vorenthaltung von Informationen als einen Garanten für »Wissenschaftlichkeit« darzustellen. So lässt sich begreifen, warum die kanadische Universität in fünfzig Jahren keine einzige Forschungsarbeit über die Rolle des Desmarais-Imperiums innerhalb unserer öffentlichen Institutionen zustande gebracht hat – ein Thema von imminenter Bedeutung –, sondern nur eine Unmenge an Vorschlägen, welche abstrakten Normen für das Handeln in der Welt zu definieren seien.

Der Ton ist aber nicht nur Sache des Vokabulars, er hat auch etwas mit Rhythmus zu tun. Der Schreibmodus in den Wissenschaften beruht heutzutage auf einer in jedem Zusammenhang anwendbaren lexikalischen Struktur. Diesem Modus entgegensetzt ist die »Modulation«, von der Gilles Deleuze unter Bezugnahme auf Friedrich Nietzsche (den, wäre er unser Zeitgenosse, keine akademische Institution ja veröffentlichen würde) in *Schizophrenie und Gesellschaft* spricht: »Die Art und Weise, wie sie eine sich stets verzweigende und gebrochene rhythmische Linie zieht«,[5] wie um die Kontingenzen der Geschichte, die gesellschaftlichen Wechselfälle und andere Unwägbarkeiten ins Denken zu integrieren, in denen die Subjekte in letzter Instanz Denkende der konkreten Welt bleiben. Sobald man die Singularität des Tons akzeptiert, ihn dem Gegenstand angepasst und sein imaginatives Potenzial anerkannt hat, bestimmt er die Gussform, in die man das Denken fließen lässt, neu. Diesen Modus, diese Form gilt es ebenso zu erschaffen, sobald daraus mittels Schreiben etwas Plastisches entsteht, Gestalt angenommen hat, wie das Dispositiv, das Form und Inhalt eines Themas zugleich bearbeitet. Deleuze bezieht sich hierbei auf Georges Buffon – seines Zeichens Biologe, doch auch Verfasser eines berühmten Traktats über den Stil –, auf jene Analogie, die dieser zwischen der Gangart eines Texts und der Morphologie eines Tiers herstellt, woraus der Begriff »innere Gussform« hervorgeht. Die Form zeugt davon, was ein Körper oder ein Text vermag.

Die Forschungsinstitutionen pflegen eher einen polizeilichen Ton und frönen einer solchen Welt. Unzählige stilistische Kleinigkeiten entscheiden in diesem oberflächlichen Milieu über Akzeptanz oder Ablehnung einer Theorie: die Kleiderordnung, die Körperhaltung, der Blick, die Stimmlage, das Sprechtempo, die Intonation, die Vorliebe für bestimmte Ideen, das theoretische Grundgerüst, eventuell der Akzent des Wissenschaftlers, seine Herkunft, sein Geschlecht und sein Alter. Vor allem in Anträgen und Bewerbungen. Was innerhalb dieses verengten Formgefüges geäußert wird, geschieht von der neurotischen Position aus: Es wird sichergestellt, dass ein bestimmter *Inhalt* niemals zur Sprache kommt.

Wer steckt hinter der Ausbildung von derlei Sitten und wer begünstigt einen solchen Ton? Es wundert nicht, dass einer der großen amerikanischen Soziologen, der sich diese Frage gestellt hat, auch einer der größten Stilisten seines Fachs war. Charles Wright Mills beschreibt in *Menschen im Büro* »die ständige, unbestimmte Furcht, die in der Dozentenschaft herrscht (mitunter nennt man diese Furcht ›weise Zurückhaltung‹, mitunter auch ›gesundes Urteilsvermögen‹). Ihre Folge ist die Schüchternheit der Dozenten, deren sie sich schließlich selbst gar nicht mehr bewusst werden, so sehr haben sie sich daran gewöhnt.«[6] Das ist ein Resultat der Bürokratisierung der Profession des Gelehrten. Ein »akademischer Anstandscode« führt eine Form von Manipulation an »aufrührerischen Elementen« durch. Der vorgeschriebene Ton hindert jene Lehrenden, die ihn sich zu eigen machen, daran, sich allzu weit von den Markierungen zu entfernen, die von der herrschenden Ideologie gesetzt wurden. Heute ist es die des Unternehmer-Professors, der seine Klientel auf Tuchfühlung zu privaten Firmen und anderen machtvollen Institutionen, die Forschungsergebnisse, Expertenmeinungen und andere »Symbole« anfordern, unterrichtet. Chris Hedges stellt die Dinge noch schonungsloser dar: »Diese Terminologien, durch die sich ›die Spezialisten‹ als Elite unterscheiden, schaden der Ausbildung einer umfassenden Sichtweise, bringen die Neulinge davon ab, unangenehme Fragen zu stellen, stehen der Suche nach dem Gemeinwohl im Wege, verwandeln die Fächer in

Kleinholz, spalten den Lehrkörper, die Studierenden und die Forschenden und verführen die Akademiker, sich in ihren Elfenbeinturm einzuschließen, wo sie die drängendsten moralischen, politischen und kulturellen Fragen außen vor lassen.«

Schreiben zum Tode

Wenn dieser normative Ton wenigstens zu einer Sprache führen würde, die für sich steht. Doch im Gegenteil erniedrigt das akademische Schreiben die Studierenden, die sich während ihrer gesamten Ausbildung dazu zwingen, dermaßen, dass sie das Schreiben neu erlernen müssen, sobald sie die Universität wieder verlassen haben.

Für Kristen R. Ghodsee (ehemals Professorin für feministische Studien am Bowdoin College in Maine, mittlerweile Professorin für Russische und Osteuropäische Studien an der University of Pennsylvania) zeichnen sich die Akademiker für die Verfertigung von Schriften verantwortlich, »die zu den unzugänglichsten in englischer Sprache« zählen. In dem am 4. Januar 2015 im Internet veröffentlichten Text »Ethnographers as Writers: A Light-Hearted Introduction to Academese« macht sie sich Luft: »Wechseln sich die rhetorischen Moden zwar ab, so ist doch die Neigung zur Undurchdringlichkeit nicht weniger zu einem wesentlichen Charakteristikum gegenwärtiger Arbeiten geworden. [...] Die akademische Sprache ist ein Geheimcode, den manche Forscher verwenden, um zu zeigen, dass sie zum Klub gehören. Dank ihrer kann niemand wirklich sagen, ob ihre Ideen brillant, schlecht oder einfach nur mittelmäßig sind.« Ghodsee hat etwas gegen künstliches Geschwurbel – etwa wenn plötzlich nicht mehr die Endung »-ismus« verwendet wird, die den Nostalgikern vorbehalten bleibt, sondern die Endung »-ation« bevorzugt zum Einsatz kommt, als Zeichen irgendeiner angeblichen Unterscheidung von jenen –, gegen die inflationäre Durchdeklinierung von Ausdrücken, die bei angesagten Endungen Gebrauch machen – die Untersuchung von sozialer und politischer Repression wird zu jener von »Repressivität« oder die Untersuchung von Reformen im Bildungssystem zu jener von »Pädagogizität« –, oder auch gegen die modischen Vorsilben – »Inter-Edukativität« würde dann zu jener Gruppe von Ausdrücken gehören, die mit »bio-«, »cyber-«, »neo-«, »hetero-«, »homo-«, »post-« oder auch »techno-« beginnen. »Seien Sie ganz unbesorgt, wenn Sie die Bedeutung dieser Begriffe nicht vollkommen verstehen«, versichert sie uns. »Mit der richtigen Kombination von Vorsilben und Endungen gelangt man in den meisten Fällen zu etwas, das angemessen, wenn nicht gar tiefschürfend erscheint.« Diesen Ticks hinzufügen lässt sich die Pluralisierung von Begriffen – ein Professor hält sich stolz für subversiv, nachdem er »Wiederauftritte« im Plural geschrieben hat –, was Ausdrücken den Anschein von Komplexität verleiht, gleichwohl sie per Definition von unterschiedlichen Situationen handeln.

Die akademische Schreibe »stinkt«. Dieser ernüchternde, aber ehrliche Ausdruck stammt selbst von einem Psychologieprofessor in Harvard. In einem 2014 in *The Chronicle of High Education* veröffentlichten Artikel mit dem unverblümten Titel »Why Academics Stink at Writing« macht Steven Pinker in akademischen Texten zahlreiche Fehler aus, die sie für jeden Verleger, der im Milieu nicht willfährig handeln möchte, unannehmbar machen müsste, wie etwa den Metadiskurs (seinen Text schwerfällig machen mit Formulierungen wie »im vorhergehenden Abschnitt haben wir dieses versucht zu zeigen, im folgenden behandeln wir jetzt jene Frage« usw.); die professionelle Kontextualisierung voller Eitelkeit (erzählen, was man alles zu lesen hatte, um zu einer wenngleich simplen Aussage zu gelangen, für die man zig Abschnitte braucht, um auf den Punkt zu kommen); die übertriebene Herausstellung der Herausforderung, welche die im Artikel gestellte Frage darstellt (der Abgrund, den die Frage, wie das Kind etwas erlernt, aufreißt); der Gebrauch von Anführungszeichen bei geläufigen Ausdrücken (also »erlernen« und »Kind« schreiben); die fadenscheinige Nuancierung (»sozusagen«, »gewissermaßen«, »in gewisser Weise«, »eine Art von«, »teilweise«, »man könnte sagen, dass« usw.), um individuelle Distanz zu einer Aussage zu markieren, die man niemals zur Gänze unterschreiben würde; die Metakonzeptualisierung (wie zum Beispiel schreiben »für das Vorgehen einer Anwendung des Gesetzes optieren« und nicht »die Polizei rufen« oder »sich auf ein gegen Vorurteile gerichtetes Modell beziehen« anstatt »Vorurteile kritisieren«), wodurch die geringste Tätigkeit, die geringste Wirklichkeit einem Begriff gleichgesetzt wird. Pinker führt zuletzt noch die Unfähigkeit an, seinen Leser schrittweise durch die Darstellung eines Arguments zu begleiten.

Der seine Kollegen kritisierende Lehrende versucht ebenfalls, die überkommene Vorstellung hinter sich zu lassen, derzufolge jeder wissenschaftliche Diskurs ein undurchdringliches Spiel von Eingeweihten sei. Desgleichen weist er die klassische Unterstellung zurück, sprich, dass die Wissenschaftler bewusst versuchen, ihren Diskurs derart zu verdunkeln, dass niemand sie zu verstehen vermag. Ist der Verdacht natürlich in manchen Fällen begründet, so spielen für Pinker noch andere Faktoren eine Rolle, hier vor allem die Verschanzung der Akademiker hinter der institutionellen Ökonomie und die sakrosankte Kontrolle der wissenschaftlichen Arbeit durch ihresgleichen, die zu einem Schreiben führt, das weder in Kommunikation noch in einem Austausch, sondern in einer den Standards des Milieus konformen »Selbstdarstellung« beruht. Wir könnten noch die Gleichgültigkeit, ja die Verachtung hinzufügen, die die Körperschaft gegenüber der Öffentlichkeit, die doch ihre Tätigkeit weitestgehend finanziert, zur Schau stellt. Artikel werden oftmals nur aus dem Grund geschrieben, verlegt, gedruckt und verkauft (zumeist im Umfeld derer, die daran mitgewirkt haben), damit der oder die Autor*in eine Zeile in seinem oder ihren Lebenslauf hinzufügen kann. Auf lange Sicht kümmert sich niemand mehr um die *Adresse*, eher findet man Geschmack an bloßer Wendigkeit im Schreiben, als sich um existierende oder mögliche Adressaten zu sorgen. Daraus folgt, dass der Autor sich unmöglich vorstellen kann, wie jemand denkt, der in anderen Wissensgebieten zu Hause ist. Dieser Zustand trägt vollkommen regressive Züge: »Ein Kind, das sieht, wie ein Spielzeug versteckt wurde, während ein zweites Kind den Raum verlässt, nimmt an, dass dieses zweite Kind bei seiner Rückkehr wissen wird, wo das genannte Spielzeug hingelegt wurde«, schreibt Pinker zur Illustration seiner Behauptung, dass zahlreiche infantilisierte Wissenschaftler außerstande sind, sich einen Bewusstseinszustand, der sich von dem ihren unterscheidet, vorzustellen.

In Wirklichkeit aber ist verständliches Schreiben eine weitaus schwierigere Sache als unverständliches. »Was man gut begreift, lässt deutlich sich ausdrücken, gar schnell die rechten Worte in den Sinn dir rücken«, könnte Pinker anführen. Doch anstatt Nicolas Boileau zu zitieren, führt er Calvin und Hobbes an, als der eine zu dem anderen sagt: »Mit ein wenig Erfahrung kann die Schrift zu einem einschüchternden und undurchdringlichen Nebel werden.« – und stellt damit kritisch fest, dass hier von der falschen Seite aus herangegangen würde. »Die Schrift ist zunächst in Nebel gehüllt, und dank der Übung gelangt man zur Klarheit.« Indem sie das Schreiben vernachlässigen, das doch mit dem Denken untrennbar verbunden ist, verkennen die Akademiker letztlich ihr eigenes Metier und verachten sogar das Genre des Essays aus dem einfachen Grund, dass es demokratische Werke unter sich versammelt, deren Bestimmung darin liegt, das Denken sowohl des Eingeweihten als auch des Nichtkenners voranzubringen.

In einem solchen Zusammenhang wundert es nicht, dass die Professoren mittlerweile mehr damit beschäftigt sind, Powerpoint-Präsentationen zu »schreiben« als Bücher. Was soll man anderes von Leuten erwarten, die sich nur noch mit unzähligen Computerkrücken fortbewegen? Wie Franck Frommer in seinem Buch *La pensée PowerPoint* schreibt, dessen Untertitel *Untersuchung über ein Programm, das dumm macht* lautet, unterstützen die Folien die Vortragspraktiken nicht nur, sondern verändern sie auch. Sie machen sie kraftlos, entziehen ihnen die Energie. Sobald man sich dieser Prothese bedient, ist man praktisch dazu gezwungen, eine Lehre mittels Listen von Clichés zu fahren, die über ideologische Befehle, über durch Gewichtungen hergestellte Punkte nicht hinausgehen, die derart auf vereinfachende Slogans heruntergebrochene Ideen in eine Hierarchie zwingen, wenn es sich dabei nicht gar um Illustrationen handelt, die einzig und allein als Anekdote taugen. Letztlich ist es der Satz selbst, der aus der Universität zu verschwinden scheint, mitsamt seinen logischen Bestandteile, dem feinsinnigen In-Beziehung-Setzen, den Paradoxa und den Nuancen, die er zu formulieren erlaubt. Der Schematismus der Darstellungen, zu denen dieses Programm ermuntert, taucht das Denken in ein Wirrwarr undurchdringlicher Codes. Was bedeuten zum Beispiel die Felder wirklich, in die ganze Kategorien von Akteuren hineingesteckt werden, und die Pfeile eines Organigramms, die die institutionellen Logiken abbilden sollen? Man muss nur mitten in einem Kolloquium die Panik beobachten, die davon abhängige Akademiker ergreift, um festzustellen, bis zu welchem Punkt dieses Programm das Denken jedweder Autonomie beraubt.

Mickrige Intellektuelle

Bereits 1951 erkannte der Geisteswissenschaftler Marshall McLuhan in Clark Kent ein Symbol des Akademikers des 20. Jahrhunderts. Die bürgerliche Seite von Superman ist der wahre Held der Erzählung, die, das sei erwähnt, ursprünglich von zwei Jugendlichen erdacht worden war. Dieser ungelenke Journalist steht Vorbild für den trotteligen und tapsigen Intellektuellen seiner Zeit. Hält er sich selbst für einen »Niemand«, so wird er heute auf Großmachtfantasien (in Form von Exzellenzstrategien und Prestige) festgelegt. Sei es im Gewand des bemitleidenswerten Bürgers oder sei es in jenem des Helden mit Umhang, der all seinen Gegnern die Stirn bietet, die Begeisterung für die Figur in Amerika zeugt von einem Totalverlust strukturierten Denkens. Für den Verfasser von *Medien verstehen*, aber auch von Essays, die der französische Verlag Ère kürzlich veröffentlicht hat, markiert Superman die Abkehr vom Denken. Unter seinem heroischen Aspekt zeugt er davon durch seinen unilateralen Charakter, seine Verkürzung der Gerechtigkeit auf eine bloße Frage von Kraft und seinen Anspruch, sich ohne besondere Ausbildung oder Erfahrung »in allen Dingen zurecht zu finden«. Seine »steigende Ungeduld mit den mühsamen Vorgehensweisen des zivilisierten Lebens« und sein ausgeprägter Hang zu »gewalttätigen Lösungen« sind ebenso symptomatisch für seine Eitelkeit.

Unter dem verfehlten bürgerlichen Aspekt spiegelt er »das psychische Scheitern des technologisierten Menschen« wider.[7]

Es ist eine Zeit, merkt McLuhan an, in der die Forschungs- und Lehranstalten jeden Respekt vor sich selbst verlieren. Indem sie an »einer technologischen und spezialisierten Ausbildung« teilhaben, die zunächst durch die Kriegsökonomie, dann durch eine die Obsoleszenz von Konsumgütern im Hinblick auf ihre stetige Erneuerung programmierende industrielle Ordnung motiviert wurde, gerät das intellektuelle Leben auf Abwege. »Produktion für den Gebrauch? Ja. Aber für den kürzestmöglichen Gebrauch, der sich mit der Manipulation der Märkte für eine andauernde Profitsteigerung vereinbaren lässt.« Daraus geht die Forschungsarbeit moralisch dermaßen angeschlagen hervor, dass für Wissenschaftler einzig und allein zählt, was mit dem Umfang ihrer Forschungsgelder, ihres Labors, ihrer Institution zu tun hat. Ihr Berufsleben – sprechen wir nicht mehr von Berufung – besteht nur noch, dem Beispiel Clark Kents folgend, aus wenigen Dingen. Nun bekundet McLuhan, »je kleiner und durchschnittlicher der Mensch, desto mehr sehnt er sich aber nach übermenschlichen Fähigkeiten.« Für ihn »ist der Schlüssel zu Superman der zu nichts zu gebrauchende Clark Kent.«

Wenn der Bürger, der Denker, der Gelehrte keinen Grund mehr findet, sich selbst für mehr zu halten als ein kleines Rädchen innerhalb einer riesigen Maschinerie, dann nimmt die Maschine aufgrund der Aneignung jeglicher ihr zur Verfügung gestellten Arbeitskraft heroische Züge an. »Große physische und industrielle Macht« versteht es, Akademiker ihrer Herrschaft zu unterwerfen, damit sie ihre Angestellten werden und für sie gewinnbringend arbeiten. »Diejenigen, die sich der Ausbildung nur unterwerfen, weil diese sie effektiver in einen großen ökonomischen und bürokratischen Mechanismus einbindet, benutzen ihre besten Jahre und Möglichkeiten als Mittel der Selbstversklavung. Sie nutzen die Umstände zur Erringung finanzieller Mittel, um letzten Endes genau so zu werden wie alle anderen.« Forscher, die sich selbst »pragmatisches Handeln« auferlegt haben, sind zum kleinkarierten Denken verdammt. Die Großindustrie, die Armee, die Bürokratie des Staates oder die transnationalen Finanzinstitutionen erscheinen dann in ihren Augen als Übermächte, von denen sie unterworfen werden als eine »Masse von machtlosen Individuen, die meist über ihre Lage wütend sind.«[8]

Superman steht Pate für diesen aus akademischen Kompetenzen gebildeten Helden, der aber, gleich einem Leviathan in Zeiten des Individuums, jene zu mickrigen und verachtenswerten Gestalten macht. Es verwundert also nicht, dass es Leute mit Universitätsabschluss waren, die in der Vergangenheit daran mitgewirkt haben, das obskure Objekt der Begierde begehrenswert und zugänglich zu machen. Sie stellten ihre Expertise und ihr Knowhow in den Dienst von ästhetischen Produktionen, die die verdrängten Leiden der Zeit nur noch deutlicher zum Ausdruck brachten. Nachdem die kapitalistischen Produktionsstätten die Comicfigur über die epische Erzählung im Radio bis hin zum Zeichentrickfilm und schließlich dann zu den jämmerlichen Fernsehformaten aufgeblasen hatten, war es das Kino, an dem sich die Wissenschaft mit ersten rudimentären Spezialeffekten versuchte, um letztlich bei den Heldentaten der Computergrafik anzulangen, die im 21. Jahrhundert für Aufsehen gesorgt haben. Ihre technischen Kenntnisse haben dazu beigetragen, die fragliche Ästhetik stets noch »wahrer« zu machen, als ginge es drum, von der Repräsentation zur Präsentation, von der Darstellung zur Vergegenwärtigung, von der Narration zur Halluzination überzugehen. Bereits 1978 lenkte die Ankündigung einer der Versionen des berühmten Helden das Augenmerk auf die mediologischen Fortschritte (»*the awesome technology of film*«) und ließ diese Figur urplötzlich *real* wirken. Was 2013 darüber gesagt wird, klingt ähnlich. Man macht sich lustig über den damaligen Einsatz von Windgeneratoren und Bildüberblendungen, um die technischen Heldentaten zu preisen, die der Figur heutzutage eine bisher unerreichte echte Wirkung verleihen. Plötzlich spiegeln die technischen Errungenschaften den Helden selbst wider.

Zum Beitrag, den die Bildtechnologen leisten, kommt noch jener der Psychologen und Neurologen hinzu, deren Auftrag es ist, die Gesamtwirkung zu überblicken, die die Geschichten auf die Zuschauer ausüben. Es ist wichtig zu wissen, wie die Erzählung verändert werden muss, damit das Publikum, eingedenk der politischen Umstände und des Psychoklimas der Zeit, auch weiterhin in der Illusion gefangen bleibt. Soll Superman hart oder weich, angreifbar oder unbesiegbar, widerständig oder wütend sein? Wissenschaftler arbeiten so mithilfe von Zielgruppen, Umfragen, Analysen und Typisierungen, um entsprechend die Beschreibung und Ausgestaltung von Figuren zu stützen. Die Journalistin Marie Bénilde hat in ihrem Essay *On achète bien les cerveaux* (»Gute Köpfe einkaufen gehen«, Anm. d. Red.) klar und deutlich gezeigt, welch grundlegende Rolle universitäre Forschung – Psychologie, Neurologie und Semiologie, ganz zu schweigen von Informatik, Ingenieurwissenschaften, Marketing und Unternehmensführung – dabei gespielt hat, die hellen Köpfe für sich zu gewinnen und zu manipulieren. Noch nie ist das so wahr gewesen wie heute. In der Neuroästhetik, insbesondere in der Neurokinematik, die vom Psychologen Uri Hasson an der Universität in Princeton entwickelt wurde, stützen sich die Mittel der Erzählung, um beim Zuschauer eine Identifikation mit den handelnden Figuren zu erzielen, nicht mehr auf solch veraltete Begriffe kathartischer Provenienz wie »Schrecken und Mitgefühl«, sondern auf eine avancierte Analyse des medialen präfrontalen Cortexes – jener Ort im Gehirn, der genau dann Aktivität zeigt, sobald das Subjekt, auch wenn es sehr unterschiedliche Szenen und Aussagen gewärtigt, zu sich sagt: »Das bin doch ich!«. Die Arbeit in den *Focus Groups* besteht also nicht mehr in Diskussionen unter sorgfältig ausgewählten Zuschauern, ob sie *dieses und jenes mögen* oder *nicht mögen*, sondern stützt sich eher auf Untersuchungen ihrer Gehirnreaktionen, die in Magnetresonanztomographen (MRT) aufgezeichnet werden. Und die meisten dieser Studien sind weit davon entfernt, aus reinem Interesse an der Sache durchgeführt zu werden: Untersucht wird, wie Gehirne für die Aufnahme von Gestalten eines zumeist ideologisch geprägten Werks stimuliert werden müssen, damit sie dieses akzeptieren. Genauer noch, an der Universität ausgebildete Techniker haben Anteil an der Entwicklung der Figur eines Helden, der auf emblematische Weise die Institutionen zurückerobert, indem er deren eigene Praxis von jedweder ehrenwerten Absicht säubert. So zeigt sich, dass Hollywoodunternehmen wichtige Nutznießer von Forschungsarbeit sind.

»Das Spiel mitspielen«

Traurigkeit überkommt einen beim Lesen der zahlreichen deutlichen Darstellungen über die Gehaltlosigkeit wissenschaftlicher Produktion, über die waltende Selbstzensur und die diversen Missbräuche, die sich an Universitäten beobachten lassen. Und zieht man diverse Berichte, Texte und Bücher zu diesem Thema zu Rate, dann kann man nur das widerspruchslose Hinnehmen seitens der betroffenen Institutionen feststellen. Die Diagnose einer umfassenden Perversion der Universität ist auch insofern stimmig, als sich die Institution außerstande zeigt, auf ihre Kritiker, unter denen sich einige couragierte Lehrende aus ihren eigenen Reihen befinden, zu antworten.

Die Verhältnisse innerhalb der Institution sind auf derart spektakuläre Weise ungerecht, dass Alexandre Afonso, Lehrbeauftragter am Institut für politische Ökonomie im King's College in London, der die Strukturen des Drogenhandels untersucht hat, die Organisationsstrukturen der Universität mit jenen von Mafiabanden vergleicht. Sein 2013 auf der Webseite der London School of Economics and Political Science unter dem Titel »How Academia Ressembles a Drug Gang« veröffentlichter Artikel stellt eine Verbindung her zwischen dem Missverhältnis von Einkommen in den Netzwerken des Drogenhandels – die Straßenverkäufer haben oft ein miserables »Einkommen«, während die Bosse fast die gesamten Einnahmen kassieren – und den Verteilungsmodi, die in den akademischen Institutionen vorherrschen. Warum, fragt sich der Soziologe, akzeptiert der kleine Dealer, für manchmal weniger als den Mindestlohn zu arbeiten? Weil, wie an der Universität, so seine Antwort, »die Aussicht auf zukünftigen Reichtum, weit mehr als ihr tatsächliches Einkommen und ihre konkreten Arbeitsbedingungen, den hauptsächlichen Antrieb darstellt, der die Leute zum Verbleib im Unternehmen bewegt: Die Drogenverkäufer der unteren Ebene verzichten auf ein aktuelles Einkommen für einen (ungewissen) zukünftigen Reichtum. [...] Sie sind bereit, reich zu werden oder bei dem Versuch zu sterben.«

Diese Hoffnung reicht aus, um die erforderliche Anzahl an Mitarbeitern zu generieren, damit es keine Unterbrechungen in der Kette gibt. Wie die Drogenbarone verspüren Universitätsleitungen, Lehrstuhlinhaber und Angehörige des Lehrkörpers keineswegs das Bedürfnis, die Gelder, von denen sie profitieren, besser zu verteilen. Der Autor spricht von »Zweiteilung« und vergleicht das System mit einer Festung: Diejenigen, die ins Innere der Strukturen vorgedrungen sind, genießen alle Vorteile und lassen den anderen die Hoffnung, eines Tages zu ihnen aufschließen zu können. Während man darauf wartet, dass es weiter voran geht, ist man bereit, 900 Dollar im Monat zu verdienen, sprich, genau jene Summe, die kleine Dealer erhalten ... ganz so wie zahlreiche Forscher auf Abruf. Die prekarisierten und damit ausgeschlossenen Wissenschaftler häufen Kurzzeitverträge zwischen Phasen der Angst, in denen sie keine Arbeit haben, an, und dies im entscheidenden Moment ihres Lebens, wenn sie doch eher den Wunsch hegen könnten, ihren Forschungen nachzugehen oder Kinder groß zu ziehen.

In Quebec würden, der promovierten Kommunikationswissenschaftlerin Marie-Ève Maillé zufolge, die Promovierenden durch die Professoren instrumentalisiert, die nicht mehr wüssten, wem sie ihre Mehrarbeit noch alles unterschieben können.

»Die Lehrkräfte an den Universitäten, von denen man, als ob sie nicht schon genug zu tun hätten, immer mehr verlangt, brauchen Doktoranden, um den Großteil jener berüchtigten wissenschaftlichen Artikel zu verfassen, die man ihnen Jahr für Jahr abverlangt, als würden Erkenntnisse im selben Takt wie billige Würstchen produziert. Die Professoren brauchen Doktoranden, um einen Gutteil der Lehrveranstaltungen zu besorgen, die sie nicht mehr selbst halten können, weil sie allzu sehr damit beschäftigt sind, in Institutsversammlungen, Fakultätsratssitzungen und anderen

Zusammenkünften, die ihre Terminkalender füllen, zu hocken. Die Professoren brauchen Doktoranden, um große Abschnitte ihrer ewig wiederkehrenden Förderanträge zu verfassen, wie zwanghafte Spieler vor einem Spielautomaten; sind die Geldmittel einmal eingeworben, ist die Jagd nach der nächsten Förderung schon wieder eröffnet, sodass man sich fragt, woher man die Zeit nehmen soll, das ganze Geld auszugeben.«

Um nicht, was Doktoranden tendenziell häufig geschieht, an der Universität zu verzweifeln und in Ressentiments zu verfallen, hat Tiphaine Rivière nach dem Scheitern ihrer Doktorarbeit die unzähligen Missbräuche in einem bedrückenden Comic mit dem Titel *Carnets de thèse* deutlich gemacht. Darin beschreibt sie Machtkämpfe von Professoren, die ihre Studierenden als Passierscheine benutzen, rhetorische Tricks, die anstelle von intellektuellen Beziehungen zu den Lehrenden angewendet werden, kleinere Kurse, die unbezahlt gegeben werden müssen, sowie die preisgünstig ausgeführte administrative Arbeit. Das Resultat sind enttäuschte Hoffnungen, Isolation, reichlich Egotismus und zahlreiche Depressionen.

Gewiss, die steigende Zahl an Doktoren und Doktorinnen in der westlichen Welt erklärt ebenso, dass viele von ihnen arbeitslos sind. Doch die objektiven Arbeitsbedingungen haben sich im Laufe der Jahre gewandelt. In Deutschland, berichtet Afonso, sind Programme und Strukturen selten, die es dem frisch mit einem Doktortitel ausgestatteten Wissenschaftler erlauben zu arbeiten. In den USA »arbeiten heute mehr als 40 Prozent des Lehrpersonals an Universitäten in Teilzeit und ohne feste Anstellung oder werden pro Lehrstunde bezahlt, ohne Krankenversicherung oder irgendeinen anderen Vorteil, der mit einer normalen Anstellung verbunden wäre.« In Kanada gibt es dreimal mehr Promovierte als Lehrstellen an der Universität. Staatlichen Erhebungen zufolge ist in Frankreich der Erwerbslosenanteil unter den Personen mit Doktortitel weit höher als bei jenen mit einem Master-Abschluss, und unter denjenigen, die Arbeit finden, haben 32 Prozent Stellen, auf denen ihre Forschungskompetenzen nicht gefragt sind, so Mohamed Harfi vom Büro des französischen Premierministers (*Les difficultés d'insertion professionnelle des docteurs*, 2013 (»Schwierigkeiten bei der beruflichen Integration von Doktoranden«, Anm. d. Red.). Das Gewicht, das heutzutage auf die Suche nach Förderungen und prestigeträchtigen Veröffentlichungen gelegt wird, führt die Institutsleitungen und ihre Lehrkörper tendenziell dazu, die Lehre abzuwerten und die damit verbundenen Aufgaben einem unterbezahlten Personal vorzubehalten.

Alexandre Afonso hätte zu seiner Reihe von Analogien zwischen Universität und Mafia also noch die »Spiel«-Rhetorik, die in beiden Milieus vorherrscht, hinzufügen können. Spiegelbildlich zum Spruch »Man muss das Spiel mitspielen« verhält sich ein gleichsam mythischer Verweis auf »*The Game*« im kriminellen Milieu. Die soziologische Fiktion des Drogenhandels und seiner Repression, als die sich die Fernsehserie *The Wire* versteht, könnte als eine Untersuchung des ebenso unerschöpflichen wie problematischen Sinns des Ordnungsrahmens im Modus des *Spiels* gefasst werden. Sowohl im streng hierarchisch organisierten Kreis der Dealer als auch in jenem formaler (politischer, polizeilicher, medialer oder akademischer) Institutionen zwingt die Herrschaft des Spiels ihr blindes Gesetz und ihr ruchloses Gebaren auf. Das Verhältnis zur Welt in dieser Weise zu denken kommt einer Abkehr des Geistes gleich. Denn »das Spiel mitspielen« meint zu viele, meist widersprüchliche Dinge, als dass der Willkür bloßer Kräfteverhältnisse und schamlosester Betrügereien entgangen werden könnte. Und doch klingt der Ausdruck *das Spiel mitspielen* vollkommen unschuldig: Gebildet aus drei Wörtern, deren zwei dieselbe Wurzel haben, verleiht er den Dingen einen harmlosen, spielerischen, ja kindlichen Anschein. In erster Linie beschreibt das Spiel eine Menge an ungeschriebenen Regeln und gebräuchlichen, wenngleich informellen Verfahrensweisen, die man in einem Milieu befolgt, wenn man seine Ziele zu erreichen gewillt ist. Das Ganze verläuft über die Teilnahme an verschiedenen Ritualen, auch wenn diese nicht verpflichtend sind (sich bei dieser Abendveranstaltung zeigen, deutlich sichtbar jene gemeinnützige Einrichtung finanziell unterstützen, diesen oder jenen Kollegen für seinen hervorragenden Artikel beglückwünschen, ohne ihn gelesen zu haben), wodurch man sich loyal zeigt gegenüber einem Korps, einem Netzwerk, einem Ganzen.

Doch die Kehrseite dieses mondänen Lebens ist grausam. Es wird, symbolisch oder mit echten Kugeln, scharf geschossen, um fehlende Treue zum Netzwerk zu bestrafen. Eine gnadenlose Autoritätsgewalt wacht über die Einhaltung der ungeschriebenen Regeln. Und weil diese Regeln schwammig sind, bleibt es das Spiel auch; in der Aufstellung der Spielregeln selbst gibt es Spiel, und letztlich besteht das Spiel weniger in einer Menge an Regeln als in einem entfesselten Kräfteverhältnis zwischen Akteuren, die den anderen ihre Regeln aufzwingen möchten. Es ist ein doppeltes Spiel. So gewinnt es den Anschein, Sport oder (latenter) Krieg zu sein, an dessen Horizont sich nichts deutlich ausmachen lässt. Und in diesem zutiefst regellosen Spiel ist alles erlaubt. Klar ist, dass »das Spiel mitspielen« und bei *The Game* mitmachen bedeutet, dass man den formellen Bereich verlässt, dass man vielleicht betrügt, wenn man nicht sogar krass unmoralisch, ja offen gewalttätig und kriminell handelt. Dabei erwischt zu werden ist vorgesehen. Verlieren gehört schlicht dazu und bedeutet noch lange nicht das Ende des Spiels. Man landet auf dem Feld *Geh ins Gefängnis* – Gefängnis oder Prekarisierung zählen, nüchtern betrachtet, zu den Möglichkeiten. Ganz so, wie man eine Schlappe erleiden kann bei dem Versuch, eine Stelle oder eine Förderung zu ergattern, die uns aufgrund von Tricksereien, die uns letztlich ins Verderben gestürzt haben, eigentlich hätte zufallen sollen. *It's the game, yo.*

Das Spiel enthält eine Stufenfolge an Regeln, die von strikter Konvention bis zu waschechter Feindseligkeit reichen können. Für manche bedeutet es eine Menge an mit Loyalität verbundener Konventionen, wenn nicht eine Menge an Sanktionen, die aufgrund von Verfehlungen verhängt werden – sofern es sich dabei nicht um eine rein zufällige Aussetzung der Regeln handelt, etwa wenn man von einer antagonistischen Ordnung, die dem Spiel als solchen ihre neuen Regeln aufzwingen möchte, niedergemäht wird. Noch schonungsloser bezeichnet es ebenso die reine Herrschaft, die sich innerhalb einer Wettbewerbsordnung entfaltet, die der Kapitalismus genauso entschlossen umsetzt wie die Macht der Mafiaclans. Sicherlich befolgen diese machtvollen Gruppierungen auch Gesetze und haben Ehrenkodizes, wenngleich zum Zwecke der Verschleierung.

»Mitspielen« im Sinne von sich den Regeln unterwerfen ist in Wirklichkeit den schwachen Leuten vorbehalten. Wer hoch zielt, für den besteht das »Spiel« darin, über den Dingen zu stehen, um durch willkürliche Festlegung von Regeln Herr über sie zu werden: »Vorne bleiben, indem man die eigene Deutungshoheit über das Spiel durchsetzt«, schreibt der Geisteswissenschaftler Paul Allen Anderson von der Universität Michigan in einem Artikel über *The Wire*. In letzter Instanz läuft das Spiel für jene, die in ihm den Ton angeben, auf einen erbitterten Wettstreit hinaus, ein Machtkampf, in dem die Mittel rein willkürlich gewählt werden und durch den bestimmt werden soll, wer sein Spiel mit den anderen treiben darf, wer semi-stabile Kräfteverhältnisse in einem Gebiet oder Einflussbereich, dem man sein ungeschriebenes Gesetz aufgezwungen hat, aufrecht erhalten kann. Warlam Schalamow, der sich in diesen Dingen auskennt, erinnert daran, dass man sich nicht einfach so zum Spielleiter aufschwingt; nur unter großen Anstrengungen erreicht man diese Stufe. In seinen *Skizzen der Verbrecherwelt* hält er fest: »Zu stehlen ist zu wenig, man muss diesem Orden angehören, und das bekommt man nicht durch Diebstahl allein, nicht durch Mord allein. Keineswegs jedes ›Schwergewicht‹, keineswegs jeder Mörder hat, nur weil er Räuber und Dieb ist, einen Ehrenplatz unter den Ganoven. Dort hat man eigene Hüter der Reinheit der Sitten, und besonders wichtige Diebesgeheimnisse, die die Ausarbeitung der allgemeinen Gesetze dieser Welt betreffen (welche sich, wie auch das Leben, ändern)«.[9]

Das Spiel, welch Euphemismus, ist nichts weniger als eine andere politische Ordnung, schlecht strukturiert, nicht zu erklären selbst für jene, die sie aufrechterhalten, willkürlich, unvorhersehbar und natürlich zutiefst antidemokratisch. Demokratische Verhältnisse bestünden darin, gemeinsam über ihre Regeln, ihre Grundlagen, ihre Anwendung debattieren zu können. Unser Vorbild hier, der Chef der Ganoven, bezieht zunächst eine Position, die insofern psychotischen Charakter hat, als das legislative System nur ihm zugänglich ist, ein System von Kräfteverhältnissen, das er direkt umsetzt. Die formellen Regeln (Gesetze, Regeln, Verhaltensweisen ...) bleiben gewiss bestehen, doch entweder, um verhöhnt oder in irgendeiner Form instrumentalisiert zu werden. So oder so bekleiden die Mächtigen eine über allem stehende Position. Diejenigen, die die Dynamiken des Spiels in Gang setzen, greifen eventuell auf formelle Gesetze zurück, um einen Gegenspieler zu Fall zu bringen, um eine Idee zu diskreditieren oder um eine Volksbewegung im Keim zu ersticken. Jeder Akteur, der sich sagt: »Ich führe ein anderes Leben, ich lebe mein eigenes Leben, nach anderen Regeln, mit anderen Zielen, einem anderen Sinn für Ehre«, ist auf seine Weise ein Bandenchef. Soweit Schalamow, für den die damit einhergehende »Ethik« darin besteht, den anderen auf Grundlage einer Philosophie der Verabscheuung auszunutzen.

Für diejenigen, die ihm unterworfen sind, für diejenigen, die mitspielen, bedeutet das Spiel schlicht, dass sie ihre Beziehungen zu jenen, die es rein willkürlich etablieren, schmieren. Einmal in das Labyrinth von oftmals sich widersprechenden Regeln vorgedrungen, versuchen sie, so wenig wie möglich aufzufallen, um nicht von ihresgleichen oder von Behörden sanktioniert zu werden. Obendrein heißt es, sich geschickt aus der Affäre zu ziehen, seinen Platz in Zusammenhängen zu finden, die einem vollkommen undurchsichtig erscheinen, und an ihm mit allen Mitteln festzuhalten, indem man tut, was man glaubt, das von einem erwartet wird. Das Spiel mitzuspielen und so auf seine Weise zu beeinflussen, ein Teil davon zu ergattern, zu konsolidieren, was man für seine Regeln hält, und auf den anderen abzustellen, um ihn auszunutzen oder ihm zur Belehrung einen Strich durch die Rechnung zu machen. Die Mittelmäßigen verlangen nach mehr – allein schon, um zu verhindern, dass sie aus dem Spiel genommen werden – mit der Genugtuung all derer, denen man nichts vormachen kann. Es sind starke Geister, sie haben es »durchschaut«. Ihr strategisches und bisweilen kampflustiges Auftreten stellt das unzweckmäßige Denken direkt ins Abseits. Ihre Vorherrschaft führt unausweichlich zum gesellschaftlichen Tod des Denkens.

Wohin führt also die Anwendung liberaler Logiken auf hiervon unberührte Bereiche? Auf unser Thema bezogen führen die Universitätsmanager zunehmend Maßnahmen am Rande der Legalität durch, wenn sie nicht gar vollkommen unlauter sind. Als Reaktion auf die Skandale, die politische Institutionen erschüttert haben, die durch mafiöse Machenschaften im Baugewerbe geschmiert wurden, betreibt Michel Seymour, Philosophieprofessor an der Universität von Montréal, echte Aufklärungsarbeit. Unermüdlich erinnert er daran, dass die meisten Investitionen, die in den letzten Jahren im Forschungssektor seitens der Universitäten und der Quebecer Regierung getätigt wurden, Immobilien betrafen, im konkreten Fall: die zwei Universitätskrankenhäuser, das Gebäude der Universität Montréal auf dem Gelände des Rangierbahnhofs in Outrement, das Voyageur-Haus der Universität von Quebec in Montréal (UQAM) und ein Turm, den dieselbe Institution eventuell in der Nähe des Kulturviertels hochziehen möchte. Darüber hinaus können noch all jene Gebäude hinzugefügt werden, welche die Universitäten fern ihres Schoßes bauen lassen, wie die Universität von Sherbrooke in Longueuil oder die Universität Rimouski in Lévis, die so vollkommen sinnfrei um dieselbe studentische Hörerschaft konkurrieren. Ganz zu schweigen von den astronomischen Summen, die sich die Verwalter verschiedener Universitäten genehmigen: Im März 2012 schätzte Radio Canada, dass die Quebecer Uni-Rektoren mehr als eine halbe Million Dollar an Gehältern und diversen Zuschlägen pro Jahr erhielten, während in Ländern wie Frankreich die Bezahlung zwischen 60 000 und 150 000 Euro schwankt. Die nordamerikanischen Rektoren tun so, als ob die überzogenen Vergütungen der Aufsichtsräte transnationaler Unternehmen für sie auch gelten müssten.

Darüber hinaus gibt es spektakuläre Missgriffe, deren Spuren bis in die dunkelsten Steuerparadiese zurückverfolgt werden können. Dabei setzt die Universität, um ihr Schicksal selbst in die Hand zu nehmen, vorrangig auf Personen, die gerade erst ihren Abschluss gemacht haben. Die Verwaltung erleichterte die Rentenkasse der Universität von Montréal (RRUM) um 100 Millionen Dollar und vertraute diese

Summe einem Manager auf den Britischen Jungferninseln an. Als Hauptverantwortlicher für das Anlagegeschäft der Universität legte Germain Bourgeois zwischen 1998 und 2000 fünf Mal Gelder der Rentenkasse, die den 10 000 Angestellten der Institution gehörten, in einem Hedgefonds der Britischen Jungferninseln an, der von der Lancer Group verwaltet wird. Die Firma operiert auch in Delaware, einem amerikanischen Bundesstaat, der ebenfalls als Steuerparadies gilt. Die Investitionen des Fondsmanagers Michael Lauer erwiesen sich als Fehlanlage und schließlich verschwand das eingesetzte Kapital. Die Universität ist in dieser Sache jedoch nicht die einzige Dumme. Auch die Stadt Laval wurde reingelegt, ebenso wie Anleger aus der Privatwirtschaft: »Bombardier, die Stiftung Lucie, André Chagnon, Desjardins, die Nationalbank und die Polytechnische Hochschule hatten ebenfalls in diese Fonds investiert, den Unterlagen zufolge anscheinend ebenfalls auf Anraten von Germain Bourgeois. Insgesamt seien es mehr als eine halbe Milliarde Dollar an Quebecer Investitionen, die Lauer anvertraut wurden«, schreibt der Journalist Jean-François Cloutier im *Journal de Montréal.* Die ganzen Fonds sind inzwischen verschwunden. Die Manöver der Lancer Group waren bereits Gegenstand einer Klage in den USA durch die Security Exchange Commission (SEC) – die amerikanische Börsenaufsicht. Letztlich musste die Firma eine Strafe von 62 Millionen Dollar bezahlen, ohne je formell des Betrugs angeklagt worden zu sein. Die Britischen Jungferninseln sind *der* Ort für Finanzpiraterie, was die Institution wüsste, wenn diejenigen, die sie ausgebildet hat, gelernt hätten, sie zu kritisieren, anstatt Nutzen aus ihr zu schlagen. Der »Secrecy Index«, der durch die internationale Organisation Tax Justice Network aufgrund mangelnder Rechenschaftslegung in verschiedenen Gesetzgebungen erstellt wird, bezeichnet die Britischen Jungferninseln als ein hochgradig dereguliertes System, in dem das Bankgeheimnis sowie das Fehlen von grundlegenden Regeln jeden Betrüger deckt, der hier sein Spiel treibt. Die äußerst zahlreichen Gesellschaften, die auf diesem kleinen Archipel ihren Sitz haben, besitzen zusammen, dem Internationalen Währungsfonds (IWF) zufolge, 615 Milliarden Dollar, – wenngleich es unmöglich ist, bis ins Letzte zu überprüfen, ob diese Zahl das wahre Ausmaß der Fonds wiedergibt, die in diesem Steuerparadies konzentriert sind. Das Tax Justice Network bewertet diese Rechtsordnung als eine der schädlichsten für die Weltwirtschaft. Dieses Schlupfloch genoss schon im Lager von Slobodan Milošević hohes Ansehen. Der Zeitung *Le Monde* vom 21. Januar 2014 zufolge schleusen hier inzwischen auch chinesische Investoren im Immobilienbereich wie etwa Deng Jiagui, Schwiegersohn von Präsident Xi Jinping, Geld in unlautere Fonds. 2012 wurde der französische Winzer Dominique Giroud von der Schweizer Justiz angeklagt, »dem Fiskus 13 Millionen Franken hinterzogen zu haben dank eines komplexen Finanzgebildes, das über eine Zuger und eine andere, eine Offshore-Gesellschaft, die auf den Britischen Jungferninseln ihren Sitz hatte, lief« (hier zitiert nach der Zeitung *L'Illustré* vom 12. März). Die britische Filiale von Sonatrach, dem staatseigenen Mineralölunternehmen Algeriens, schuldet dem Fiskus in Großbritannien 45 Millionen Dollar an Steuern, eine Summe, die es mithilfe jener entgegenkommenden Gesetzgebung hinterzogen hat, schreibt *Algérie-Focus* am 19. Februar 2013. Man könnte auch bis zum Parmalat-Skandal zurückgehen, eine der spektakulärsten Finanzpleiten der Geschichte, die um die Jahrtausendwende öffentlich wurde und deren Spuren ebenfalls zu den Britischen Jungferninseln führen.

Die Universität Montréal konnte also zumindest seit den 80er Jahren wissen, dass das freizügige System der Britischen Jungferninseln, was die Finanzen anbelangt, keineswegs ein sicherer Ort war. Warum hat sich dann aber die Universität dazu entschlossen, dort kolossale Summen anzulegen – Gelder, die zu einem bestimmten Zeitpunkt bis zu zehn Prozent des Angestelltenfonds ausgemacht haben? Warum hat die Polytechnische Hochschule dasselbe gemacht? Was hat sie damals dazu bewogen? Sie rühmte sich der »außerordentlichen Rendite«, wie aus einem Artikel von 1998 in ihrem internen Bulletin *Forum*, verfasst von François Lachance, hervorgeht: »Die Kasse der RRUM erzielt eine außergewöhnliche Rendite. In der Kategorie der Rentenkassen mit einem Volumen von 250 Millionen Dollar und mehr firmiert sie an erster Stelle.« Erfreulicherweise »können die Rentenanleger, denen das Treiben der Börsenmärkte Unwohlsein bereitet, versichert sein. Die Kasse der RRUM strotzt auch weiterhin vor exzellenter finanzieller Gesundheit, und dies nicht nur für das Jahr 1997, sondern ebenso für die ersten neun Monate des Jahres 1998.« Die Ersten werden die Letzten sein. An der Universität von Montréal ist diese Geschichte seit 2003 bekannt, wie bereits im Januar 2004 die Sendung *Zone libre* im Fernsehsender von Radio-Canada aufgedeckt hatte. Diese Vorfälle, Gegenstand einer Sammelklage seitens der Lehrenden dieser Institution und leider außergerichtlich beigelegt, lassen drängende Fragen in der Schwebe: Zu welchem Zweck werden universitäre Fonds verwaltet? Welches Spiel spielen ihre Manager?

Die Art und Weise, wie die Universität denjenigen Wirtschaft beibringt, die schließlich dazu berufen sind, sie zu verwalten, führt mitnichten dazu, derlei Übel zuvorzukommen. In ihren Lehrveranstaltungen, die meistens der Vermittlung von Ideologie, von Glaubenslehren gewidmet sind, ist der Mythos eines Markts, der rationale Akteure versammelt, die nach bestem Wissen und Gewissen Entscheidungen entsprechend einer konkreten Situation treffen, einer derjenigen, an dem sie, was traurig stimmt, wie besessen festhält. Wie viele aufgeweckte Studierende, die die Gründe für die dysfunktionale Entwicklung der Finanz- und Industriemärkte verstehen wollten, werden den Eindruck nicht los, dass sie durch die Wirtschaftsschulen, die juristischen Fakultäten oder die politikwissenschaftlichen Institute im Vergleich zum Beginn ihres Studiums immer unwissender und ignoranter werden? Die Universität als Unternehmen verbreitet, indem sie ihn zugleich hervorbringt, einen Diskurs von Unwissenheit.

Verlierer

Will ein Akademiker die Gründe nicht nachvollziehen, die als Rechtfertigung für das allgemeine Gebot dienen, eine bescheidene Zurückhaltung an den Tag zu legen, sich gemäßigt zu geben und bedeckt zu halten, so wird es ihm eingetrichtert. Opfer von Mobbing oder ohne Zugang zu Arbeit, bekommen Forscher, deren Arbeiten den »Interessen der Mächtigen« zuwiderlaufen, einen Geschmack davon. Sechzehn US-amerikanische und kanadische Akademiker haben hiervon in dem Buch *Academic Freedom in Conflict: The Struggle over Speech Rights in the University* berichtet. Dieser von James L. Turk 2014 herausgegebene Band handelt von den restriktiven Normen und formellen Regeln, die kritische oder neue Sichtweisen in der Institution einhegen und bisweilen ersticken. Es hätte darin auch von Politiken der »Konkurrenz« und »Exzellenz« die Rede sein können, die die Universitätsprogramme dem Regime von Unternehmen unterwerfen. So lässt sich die Universität zunehmend nicht mehr wiedererkennen und wird moralisch unglaubwürdig.

Bei denjenigen, die das Spiel im Vertrauen auf die Ordnung mitgespielt haben und von den Gaunern, nach einem Ausdruck von Schalamow, »Armleuchter« genannt werden, ist die Enttäuschung groß. »Mein Diplom verursacht mir Schmerzen«, verkündet Catherine Martellini in einer öffentlichen Stellungnahme 2014, als ihr bewusst wurde, dass der Apparat, indem er sich, neben anderen Glaubenssätzen, einer »Wissensökonomie« verschreibt, leerläuft und die Studierenden in die Irre geführt werden. Nicht nur schadet die Universität dem Forscherdrang, indem sie ihre Methoden bis zum Exzess professionalisiert und instrumentalisiert, sondern sie tut dies auch noch vollkommen ohne Not. Warum entlässt eine Institution Diplomanden, die sie über Jahre herangebildet hat, zurück in die Wirklichkeit, wohlwissend, dass sie mehr als 70 Prozent von ihnen keine professionelle Zukunft gewährleisten kann? Catherine Martellini bringt ein vernichtendes Beispiel: Die aus öffentlichen Mitteln finanzierte Institution fährt fort, zum Beispiel Massen an Bibliothekaren auszubilden, obwohl die von der Regierung beschlossenen Budgetkürzungen auf fatale Weise zu einem massiven Stellenabbau in diesem Bereich führen. Obgleich sie von der Frage nach der Beschäftigbarkeit ihrer Absolventen getrieben ist, scheint es die Universität nicht für nötig zu erachten, der Öffentlichkeit verständlich zu machen, worin die Fachrichtungen – jenseits von Ingenieurwesen, Management, Medizin, Psychologie, Recht und noch ein paar mehr – eigentlich bestehen. Die Gesellschaft, die die Institution finanziert, bekommt nicht klar und deutlich erklärt, welche Bedeutung Literaturwissenschaft, Stadtforschung oder Soziologie für das eigene Leben haben können, wahrscheinlich, weil die Forscher selbst gar keine Zeit mehr haben, sich die Frage zu stellen. Letztendlich läuft alles darauf hinaus, dass die Akademiker, insbesondere diejenigen mit Doktortitel, als nicht vermittelbare Außenseiter erscheinen, obwohl ihre Kompetenzen, von einem bürgerlichen wie professionellen Standpunkt aus betrachtet – und wenn die Aufgabe der Universität darin bestünde, das Denken offen zu teilen und weiterzuentwickeln –, mit Kusshand begrüßt werden würden.

»Das Spiel mitspielen« hat also einen hohen Preis, nimmt man nun blindlings daran teil oder beugt sich widerwillig den ungeschriebenen Gesetzen. Von jetzt ab muss bis zum Exzess veröffentlicht werden, mehr, als eine Person vernünftigerweise schaffen kann, vielleicht indem Artikel wieder aufbereitet oder Autorschaften mit anderen geteilt werden, um die Zahl der Nennungen zu erhöhen, selbst wenn dies an Selbstfolter grenzen würde. Anschließend muss man um jeden Preis Geld auftreiben, bereit sein, die Unabhängigkeit der Forschung aufs Spiel zu setzen, denn zusätzlich zu den ideologisch motivierten Geldgebern will die Gemeinschaft der – konformistischen – Kollegen qua Geldmittelzuwendungsverfahren eingelullt werden. Die Beteiligten verfallen schließlich darauf, sich als jemand anderes auszugeben, wie etwa der Steuerexperte Luc Godbout, Berater und Ideologe an der Seite der Regierung von Quebec und ganz nebenbei Professor für Management an der Universität Sherbrooke.

Unter der Zwischenüberschrift »Das Leistungsspiel mitspielen« hat Luc Bonneville, Professor für Kommunikationswissenschaft an der Universität Ottawa, 2014 am Ende einer Reihe von Gesprächen auf die psychische Belastung hingewiesen, die durch den Druck, unter dem die Akademiker stehen, ansteigt.

»Diese grundlegende ›Spielregel‹ führt dazu, dass erster Druck entsteht angesichts der eigenen wissenschaftlichen ›Produktion‹, insofern die Professoren ›wissen‹, dass sie um jeden Preis veröffentlichen müssen. Publizieren sie keine ausreichende Zahl Artikel oder Bücher, entwickeln manche sogar eine gewisse Abneigung, ja Schuldgefühle. […] Denn man kann ja zum Beispiel immer noch mehr veröffentlichen. Man kann immer noch produktiver sein und permanent wird man mit jemandem verglichen, der noch produktiver ist als man selbst. Also müssen Anträge bei jeder Finanzierungsmöglichkeit gestellt werden, um im Hamsterrad der Forschung zu verbleiben.«

Berichte dieser Art sind faszinierend, wie etwa jener eines etablierten Historikers:

»Der Druck auf meine jungen Kollegen, Drittmittelanträge für Forschungsgelder zu schreiben, ist sehr, sehr, sehr hoch. […] Als ich angefangen habe [circa Ende der 80er-Jahre], erwartete man von mir, dass ich ein guter Lehrer sei und meine Doktorarbeit in Form eines Buchs oder mehrerer Artikel veröffentlichen würde. Es gab keine Anforderungen. Ich wurde weder dazu angehalten, noch setzte man mich unter Druck, Forschungsmittel einzuwerben. Doch jetzt spielen die jungen Kollegen das Spiel um Drittmittel.«

Solche Arbeitsbedingungen werden von vielen kritisiert, doch nur wenige, das zeigt die Untersuchung, begreifen ihr Engagement anders als innerhalb dieser Parameter, als ob nichts anderes möglich wäre, und dies, obwohl die Professoren eine der seltenen sozioprofessionellen Kategorien bilden, die ohne übergeordnete Instanz agieren. Ganz von selbst »spielen sie das Spiel mit« und avancieren so zu »Unternehmern«. Und niemand spricht von den verhängnisvollen Konsequenzen, die ein solcher Konformismus für ihre zwangsläufig Mittelmaß gewordene Arbeit hat. Niemand will zugeben, wie Yvon Rivard 2013, dass »ein ›guter‹ Professor heutzutage jemand ist, der von der Lehre freigestellt wurde, weil er derart viele Drittmittel eingeworben hat, dass er sich in die Erforschung dessen stürzen muss, was er bereits entdeckt hat und was er – Finanzplan und Bibliographie auf dem neuesten Stand – im Exposé seines Projekts beschrieben hat, das er von Forschern bearbeiten lässt, die er zuvor in einem Auswahlverfahren evaluiert hat.« Dennoch wird, während man vorgibt, unter der Last zusammenzubrechen, damit fortgefahren, die exzessive Veröffentlichung von Artikeln schamhaft mit Forschung zu verwechseln, obwohl heutzutage sehr wohl bekannt ist, dass das eine dem anderen schadet, dass die Wiederverwertung von Inhalten, ebenso wie die gemeinschaftliche Zeichnung von Artikeln, an denen letztlich nur eine Person gearbeitet hat, weit verbreitet ist. Der Eindruck »nicht genug gemacht zu haben«, nicht ausreichend »produktiv« oder »exzellent« zu sein, lässt sich in den Aussagen Betroffener anhand von quantitativen Kriterien messen: »Wenn ich im untersten Drittel wäre [sprich, zu den am wenigsten leistenden Lehrenden gehörte], dann würde mir das nicht gefallen. Ich würde mich unter Druck setzen, um zum obersten Drittel zu gehören«, wird eine von ihnen sagen, die ihr Leben gänzlich an ihrem »Kollegen« ausrichtet, der wie sie blindlings in derselben Zirkusmanege herumtappt.

Die Juraprofessorin Andrée Lajoie hat in einer etwas analytischeren Untersuchung die Modalitäten von Forschungssubventionen mit der Ausbildung eines Syndroms von Schuldbewusstsein in Verbindung gebracht. Das Problem ist zunächst struktureller Natur, bevor es psychologische Relevanz gewinnt. In ihrem 2009 erschienen Buch *Vivre la recherche libre!* (»Die freie Forschung leben!«, Anm. d. Red.) führt sie aus, dass sich die Wissenschaftler seit den 90er-Jahren Programmen unterworfen sehen, die zum Beispiel eine Zusammenarbeit zwischen Bereichen der Forschung und der Praxis, der Ausführung und der Ausarbeitung von Politiken (in abgestimmter Form also) »fördern«, was die »Bedeutung, die man Gruppenarbeit zuweist«, erhöht. Zur Schaffung solcher Netzwerke anzuspornen, führt vor allem dazu, jedwede Eigeninitiative zu neutralisieren und intellektuellen Konformismus, strategische Allianzen, heimliche Einverständnisse aufgrund bestimmter Interessenlagen zu Lasten der »freien Forschung« zu verstärken. Die Autorin konstatiert, dass die zwangsläufig an Teams vergebenen Forschungsaufträge einhergehen mit der thematisch »orientierten« Förderung von Unternehmen, eine utilitaristische Herangehensweise, die verschiedenen institutionellen Mächten zupass kommt. Damit wird der Konformismus entsprechend fremden, perversen Dynamiken strukturell, sodass Forscher mehr und mehr dazu gebracht werden, sich anhand unvereinbarer Kriterien zu vergleichen, um dann in dem Glauben, der Druck käme von ihnen selbst, miteinander zu konkurrieren. In diesem Zusammenhang hat in Frankreich der Ethikrat des Centre national de la recherche scientifique (CNRS) in einem Mai 2014 veröffentlichten Bericht angeführt, dass die Bewertung universitärer Forschung aufgrund privatwirtschaftlicher Kriterien ihrem geregelten Ablauf schadet. »In den meisten Fällen birgt der überwiegende Rückgriff auf Exzellenzkriterien zur Begründung einer bestimmten Forschungspolitik Schieflagen und Gefahren«, schreibt der Ethikrat des CNRS, vor allem, weil »das Festlegen wissenschaftlicher Prioritäten eine negative Wirkung auf die Kreativität der Forschenden haben kann« und »ein zu starker Wettbewerb Auswüchse und einen Verlust an Effizienz mit sich bringt.«

Doch im Gegensatz zu Lajoie vertreten die Ethiker des CNRS die Meinung, dass die auf individueller Leistung beruhenden Regeln letztlich zur Ausarbeitung sinnloser Forschungsprojekte führen. Also empfehlen sie der Institution, »ausreichend Mittel in Form einer Grundsicherung und von menschlicher Arbeitskraft für qualitativ hochwertige Arbeitsgruppen bereitzustellen, die den ›erforderlichen Exzellenzkriterien‹ nicht genügen.« Das Gremium beklagt, dass die Angebotslogik oft dazu führt, immer neue Themen zu suchen, die eher der Mode denn dem Willen zu Grundlagenforschung gehorchen, und infolgedessen »gleichsam natürlich individualistische Verhaltensweisen ausgebildet werden«, obwohl »die auf hohem Niveau erzielten Leistungen nur selten auf eine einzelne Person zurückgehen, sondern im Allgemeinen das Ergebnis von Zusammenarbeit sind.« Ganz gleich, von welcher Seite man das Phänomen also betrachtet, man gelangt stets zu derselben Schlussfolgerung.

Verständlicherweise lassen all diese Kritiken letztlich jene, die sich der Lehre mit Leibe und Seele verschrieben haben, in Lethargie sinken. Die Autoren, die eingeladen wurden, für die Ausgabe „Phantasiewelten der Lehre" der Zeitschrift *Contre-jour* einen Artikel zu verfassen, gehen, manche in den Irrgärten vollkommener Desillusion, der Frage nach, wie in einem Vorlesungssaal oder Seminarraum noch etwas Bedeutsames gesagt werden kann: wo man noch überrascht zu werden droht »vom Fluss der Wörter, die denjenigen, der sich sammelt, regungslos zurücklässt« (Étienne Beaulieu); der letzte Ort, wo die Dummheit nicht toleriert wird (Jean-François Bourgeault); wo man sich freimachen kann in einem paradoxen Bezug zu den Regeln (Thomas Mainguy); wo die ersten intimen Erinnerungen, jene einer lebendigen und schonungslosen Liebe, gedeihen, die erst sehr viel später zum Tragen kommen (Sylveline Bourion). Ob besonnen oder resigniert, einige Autoren empfanden offenkundig Schwierigkeiten, sich über die vernichtende Kritik an der akademischen Wirklichkeit hinwegzusetzen. Alles scheint so, als ob seit dem Verschwinden der letzten Inselchen unverdorbener Lehre kein Horizont, keine Zukunft in Sicht wäre.

Perverse Wirkungen

Durch Rückgriff auf den Typus des perversen Partners in Liebesbeziehungen beschreibt eine an einer Quebecer Universität eingeschriebene französische Doktorandin die unzähligen Taktiken, mittels derer die Universität eine vollkommen subtile Form der Manipulation praktiziert. Alles wird, in einem Wechsel von Verführung und absoluter Verschmelzung, daran gesetzt, die darin einbegriffene Person zunehmend abhängig zu machen. Nach der Liebe auf den ersten Blick (*Ihr seid die Crème de la Crème der Gesellschaft*; *Uns steht zusammen eine glänzende Zukunft bevor*) verwickelt uns die Universität plötzlich in Logiken, die allein ihr obliegen. »Sie haben dermaßen viel Zeit damit zugebracht, sich in einem hoch spezialisierten Fach zu qualifizieren, dass Sie zu der Ansicht gelangt sind, die Universität, die Forschung sei nicht so sehr *eine* Möglichkeit, sich selbst, als vielmehr DIE EINZIGE, sich in professioneller Hinsicht zu verwirklichen.« Einmal gefangen, ist eine Reihe struktureller, im »Lebenslauf« vorgesehener Etappen unumgänglich, die sich oftmals als gänzlich sterile, entwürdigende Rituale erweisen, wenn es sich dabei nicht sogar um eine Form von Erpressung im Zusammenhang mit einer armseligen Finanzierung oder einem rein symbolischen Status handelt: »In langen Briefen müssen Sie erläutern, warum Sie ein weiteres Jahr brauchen, um Ihre Projektarbeit zu beenden, und die Fakultät darum bitten, Sie nochmal zur Einschreibung zuzulassen.« Diese wiederholten Schläge kennzeichnen die Phase des »Verlusts an Selbstwertgefühl«, während der man ebenso das erste Mal auf offenkundige Schieflagen, Willkür und nahezu fatale Missbräuche bei Einstellungsverfahren aufmerksam wird.

In diesem Stadium – zum Äußersten gedrängt und sogar angewidert von sich selbst oder von diesem mächtigen Wissen und den schönen Formen, für die gleichwohl so viele Opfer gebracht worden sind – erscheint jede Opfergabe, sei es eine Lehrveranstaltung unter unwürdigen Bedingungen oder das Angebot, einen Vortrag unentgeltlich zu halten, wie ein Geschenk der Gnade. »Ein Blumenstrauß und das Versprechen, dass sich alles ändern wird, Ehrenwort!«, entfährt es der Autorin, das Bild fortführend. »Und da Sie so gerne lehren und forschen (*Sie lieben es*), die Welt da draußen Angst macht (*Sie stehen allein*) und Sie davon überzeugt sind, dass niemals jemand eine so spezialisierte Person wie sie einstellen wird (*ich bin ja sowieso nichts wert, niemand anderes wird mich jemals lieben*), hegen Sie auch weiterhin Hoffnung (*dass Ihr Partner sich ändern und Sie behandeln wird, wie Sie es verdienen*) und lassen (*bis zum nächsten Mal*) Ihre Anwandlungen, vom Glauben abzufallen, sich in Luft auflösen.«

Es kommt vor, dass Beziehungen dieser Art nicht bloß metaphorischen Charakter besitzen. In seinem Buch *Aimer, enseigner* führt der Geisteswissenschaftler Yvon Rivard sowohl Tugenden der Lehre als auch schwerste Perversionen an, deren Gegenstand diese Praxis sein kann. Die Berufung, die es, unter Rückgriff auf Texte von Virginia Woolf, Hermann Broch, George Steiner oder Pierre Vadeboncoeur, zu verteidigen und darzustellen gilt, besteht darin, Studierenden Werke, die zu lehren es sich lohnt, als Formen von Zugängen zu größeren Zusammenhängen und Problemen nahezubringen. Größer als man selbst. So groß, dass die von Eitelkeit freie Professorin, unabhängig ihres Arbeitsvertrags und ihrer Lehrverpflichtungen, von ihrem Bedürfnis zehrt, mit einer Gruppe von Studierenden eben jenen Moment zu teilen, als sie selbst von diesen Texten aus der Fassung gebracht wurde. »Man wird Lehrer, wie man Schriftsteller wird, durch die Fähigkeit, Schocks zu empfangen, und durch die Unfähigkeit, sie ohne Erläuterung qua Schreiben oder Lehren zu ertragen.« Ein großes Werk vermittelt etwas, das die vorgefertigten Meinungen ebenso wie die etablierten Denkmuster übersteigt. Die Herausforderung der Lehre besteht darin, die Person der Studentin oder des Studenten mit jenem Teil ihrer selbst zu versöhnen, der fundamentale Fragen oder vollkommen destabilisierende künstlerische Stellungnahmen zu begreifen imstande ist. Ebenso geht es darum, diesen anderen Teil, der Mühe hat, derlei Wirkung herauszustreichen und den Sinn dieser Fülle formal zu vermitteln, zu begleiten. An dieser Stelle bezieht sich Rivard auf den französischen Philosophen Patrice Loraux, der die Ansicht vertrat, dass eine Lehrkraft ihre Studierenden minimal zu traumatisieren habe, um bei ihnen eine zwingende Reflexion auszulösen. Zudem hat der Epistemologe Dominique Pestre gezeigt, dass diese Art von Verwund(er)ung angesichts der Größe unserer Gegenstände ebenfalls die zu Unrecht als kühler oder härter angesehenen Fächer erfasst hat, wie etwa die Physik. Bei Rivard schließt hier eine subtile Reflexion über den Tod an, wie nämlich die Erkenntnis inständig zu einer Wendigkeit aufruft, kraft derer er thematisiert, ja seine Unausweichlichkeit akzeptiert werden kann. Der Versuch, in dieser Form zu erkennen und zu lehren, verlangt nach einem demütigen Verhältnis zum Wissen.

Nun kommt es aber vor, dass innerhalb des Verführungsdispositivs, das den Lernprozesses strukturiert, Professoren ihre Macht missbrauchen, bis hin zur Schaffung von Situationen, in denen Menschen hilflos, ja selbstmordgefährdend agieren. Da sie den Eindruck widerlegen wollen, es handele sich hierbei nur um »Einzelfälle«, sammeln Internetseiten wie »Academia Is Killing My Friends« oder »Depressed Academics« Erfahrungsberichte von Mitgliedern der akademischen Community, die durch das unmögliche Leben, das die Institution ihnen abverlangt, Schaden genommen haben. Psychisches und physisches Mobbing, sexuelle Gewalt, Diskriminierung ... Keine Situation in Machtbeziehungen, die den Studierenden oftmals kaum Einflussmöglichkeiten lassen, ist frei davon, insbesondere jene in den verwundbarsten Gruppen (Frauen, Ausländer, sichtbare Minderheiten und so weiter). Den Großteil seines Buchs widmet Rivard der ethischen Frage nach sexueller Überschreitung der Grenze zwischen einem Professor und seiner Studentin, indem er Beispiele aus der Literatur, aus Romanen von J. M. Coetzee, Peter Handke und Philip Roth, zitiert und einen Streit mit dem Essayisten Jean Larose vom Zaun bricht, der eine Theorie zur Begründung von derlei Übertretungen formuliert hat. Darin wird die Studentin gehindert, Fluchtlinien des Wissens, die vom Text eröffnet werden, zu folgen, um der schäbigen Befriedigung des dazwischen tretenden Professors zu dienen. Diese Verfehlung vergleicht Rivard mit der anthropologischen Unfähigkeit eines jungen Mannes, seine unmittelbaren Bedürfnisse sublimieren zu lernen, etwa in der Form des Vaterwerdens.

Die Gewalt erreicht ihren Höhepunkt in den US-amerikanischen Universitäten, wo die sportliche Klasse und ihre Disziplin des sogenannten *work hard, play hard* bisweilen Überhand über jedwede intellektuelle Sichtweise gewinnen. Aus den amerikanischen Lehranstalten sind zunehmend Schulen von Philistern geworden, in denen unverblümt Frauenfeindlichkeit, Rassismus und Alkoholismus in einem Maße herrschen, dass die studentische Gemeinschaft, die Fakultätsverwaltungen sowie die Bewohner studentischer Wohnheime beunruhigt sind. Weil es aus buchhalterischen Gründen angebracht erscheint, Athleten mit einer vielversprechenden sportlichen Zukunft anzuwerben, scheuen die Universitäten keinen Aufwand um hervorzuheben, wie »sexy« und »spaßig« es an ihnen zugeht. Der Verfall der Sitten, der mehr solchem Marketing und dem Entgegenkommen seitens der Verwaltungen als den jeweils einzelnen Athleten geschuldet ist, hat zu einer derart hohen Zahl von Vergewaltigungen an amerikanischen Universitäten geführt, dass nunmehr von einer »Epidemie« die Rede ist. Dem *Journal of Adolescent Health* zufolge werden 18 Prozent der Frauen an Universitäten Opfer einer Vergewaltigung oder einer versuchten Vergewaltigung während ihres ersten Studienjahres. Dieses Phänomen, ebenso wie die lange Tradition rassistisch motivierter Übergriffe, hat einiges beigetragen zu der Herausbildung inverser Diskurse, so zum Beispiel die politische Korrektheit, die den Diskurs einer elementaren Moral in den Rang einer Wissenschaft erhoben und die Analyse sozialer Phänomene anhand von Kategorien, die ausschließlich die Zugehörigkeit zu Klasse, Geschlecht und »Rasse« berücksichtigen, bis zur Erschöpfung betrieben hat.

Das Heil: arbeitslose Schriftsteller, prekäre Lehrende und unwissende Herren

Als der Schweizer Schriftsteller Denis de Rougemont 1933 seine Arbeit verliert und auf die Île de Ré in ein Haus zieht, das ihm und seiner Frau zur Verfügung gestellt wird, findet er sich seinem Empfinden nach »in« Arbeitslosigkeit begriffen – eine Präposition, die, im Gegensatz zum »als« in »Er findet sich als Arbeitsloser wieder«, eine Tätigkeit kennzeichnet. Wenn Denken Berufung ist, dann ist selbst Arbeitslosigkeit Arbeit. Der Literaturwissenschaftler berichtet davon in seinem 1937 erschienenen Tagebuch eines arbeitslosen Intellektuellen. Er wundert sich zunächst darüber, dass die Bezeichnung der einen als »Arbeitslose« im Unterschied zu jenen anderen, die fürs Denken bezahlt werden, in keiner Weise die intellektuelle Tätigkeit als solche, das Publizieren und Darstellen von Ideen, betrifft. Der Intellektuelle ist in Wirklichkeit nur dann arbeitslos, wenn er Schwierigkeiten hat, eine »feste Anstellung zu finden, die sein Unterhalt sicherstellte« und seine Tätigkeit als Forschenden notwendigerweise kaum berührt: Die Denktätigkeit selbst ist unmotiviert und zweckfrei. »Der Intellektuelle hingegen bedarf in der Mehrzahl der Fälle nur des Papiers und der Tinte. Er ist also niemals absolut arbeitslos, da er immer nachdenkt, was ja seinen Beruf ausmacht.« Damit gehört er zu den Wenigen, die der Arbeitslosigkeit als existenzieller »Bedingung«, die einen Menschen, der jene erfährt, in seinem tiefsten Inneren trifft, entgehen. Für den Intellektuellen ist die Arbeitslosigkeit ein prekärer Zustand, der nur wenig mit seinen werktätigen Fähigkeiten zu tun hat. Befindet er sich *in* Arbeitslosigkeit, so wird er stärker in Anspruch genommen als durch eine Arbeit, die durch Zeitplan, Normen und objektive Ziele gekennzeichnet ist. »Hörte ich auf zu schreiben, weil ich ermüdet war, so hatte ich nicht das gute Gewissen des Angestellten, der sein Tagewerk hinter sich gebracht hat und jetzt an etwas anderes denkt.«

Natürlich schadet die Prekarität der Konzentration des Denkers. Folgt man de Rougement zwei Jahre lang von der Île de Ré über die Vororte von Paris bis in den Gard, dann sieht man ihn, wie er, durchaus von Angst gebeutelt, in kleinkrämerischen Rechnungen versinkt und versucht, ihn und seine Frau mittels hier und da ergatterten Aufträgen für Artikel am Leben zu erhalten, Arbeiten, die ihm zunehmend keinen Sinn mehr zu ergeben scheinen, kläglich bezahlte Vorträge oder auch in Windeseile angefertigte Übersetzungen. Bisweilen zeigt sich die Vorsehung in Gestalt eines unerwarteten Wissenschaftspreises. Doch zugleich stacheln derlei finanzielle Unwägbarkeiten diesen jungen Verstand an, indem sie ihn dazu zwingen, seine Aufmerksamkeit neu auszurichten, sein Denken auf Wirklichkeiten neu einzustellen, die der verbürgerlichten Welt des Wissens entgehen, fruchtbare Abstecher in soziale Milieus und geographische Bereiche zu riskieren, in die sich sonst kein Denker vorwagt.

So kommt de Rougemont mit dem Begriff des Volks nicht nur in den Schriften Nikolai Berdjajews, die er herausgegeben hat, in Berührung, sondern auch innerhalb seiner Beziehungen zu den Einheimischen der Île de Ré und des Gard. Daraus resultiert ein Schock: dass das »Volk«, so wie es in den Schriften der Humanisten und den Emanzipationstraktaten beschrieben wird, nur wenig mit dem zu tun hat, auf das er konkret, in der Praxis trifft. Nach dem Besuch eines Vortrags in seinem Dorf, schreibt er: »Es scheint mir, als habe er mich über das ›Volk‹ mehr gelehrt als alle meine vorhergehenden Erfahrungen. Es ist mir, als hätte ich überhaupt ›das Volk‹ zum ersten Mal in meinem Leben gesehen.« Jenes »Volk«, mit dem er tagtäglich Umgang pflegt, scheint nicht im geringsten etwas von der intensiven Reflexion zu ahnen, deren Gegenstand es zu jener Zeit ist, sei es in den bürgerlichen wissenschaftlichen Schriften oder in den offiziellen Verlautbarungen der kommunistischen Partei. Für Nicht-Intellektuelle ist der Intellektuelle, der für einen Vortrag, eine Konferenz im Dorf vorbeischaut, nichts weiter als ein Schönredner, ganz gleich, ob das, was er sagt, Aspekte ihres Lebens streift oder nicht. De Rougemont hält fest, dass nur wenige Leute den Beruf, den er ausübt, verstehen. Sind sie bei ihm zu Besuch, lassen sie sich mehr von seiner Schreibmaschine als von den Texten, die mit ihr produziert werden können, beeindrucken. Dieses Exil des Denkers in Arbeitslosigkeit lässt de Rougemont die Willkür von Denkkonventionen, künstlich aufrechterhalten mittels professionellem Habitus der Intellektuellen, feststellen. »Wahrscheinlich gibt es in unserer Kultur ein inneres Verhängnis: Sie begeistert sich an sich selbst, sie kritisiert sich selbst und legitimiert sich selbst. Sie hat ihre eigenen inneren Gesetze, die sich selbst genügen. Die Begriffe fügen sich dann zusammen nach Affinitäten oder Abstoßungen, die die Tatsachen oder die Geschöpfe, für die sie stehen, in der Wirklichkeit nicht haben.« Demütig führt de Rougemont eine Selbstkritik des Erkenntniswunsches von Seiten der Denkenden durch, die nichts zum zivilen Leben beitragen, »nichts für Leute hergeben, die Hunger nach solider, grundlegender Nahrung haben.« Er stellt sich folgende Frage: »In welcher Beziehung steht der Mensch, mit dem ich rede, mit dem Wort ›Mensch‹, das ich in meinem Buch gebrauche?« Ist er erst einmal »von Paris entfernt«, bringt ihn der Abstand, den er feststellt zwischen intellektueller Darstellung des Volks und dem tatsächlichen Verhältnis, das er mit »ihm« unterhält – eine Art soziologischer Schock – dazu, seine Position vollkommen zu überdenken. »Man kann die Städte, wo man die ›Karrieren‹ macht, ruhig verlassen, ohne deswegen aus dem wirklichen Leben auszuscheiden«, schreibt er, als er die Tugend eines Schreibens wiederentdeckt, das »mit Größe nützlich zu sein wusste«.

Der arbeitslose Schriftsteller, das ist heutzutage ein wenig der Universitätsangestellte mit prekärem Status oder auch der Lehrbeauftragte, sofern sich kein noch abschätzigerer Ausdruck zur Unterscheidung von den Professoren finden lässt – jener, der von Angst zerfressen ist, weil er ohne Geld in der Tasche oder in der Ungewissheit lebt, seine Lehr-»Aufträge« im nächsten Semester auch weiterhin zu erhalten. Professoren werden auf ihn herabschauen, während sie ihn zugleich, wie sie so schön sagen, um »sein Glück« beneiden, »nur Lehrbeauftragter« zu sein, »Zeit zum Schreiben zu haben«. Als Proletarier der Institution entgeht die Honorarkraft strukturell den hauptsächlichen Abirrungen der Institution. Sie wird nicht darum gebeten, auf die Suche nach Klienten zu gehen, in deren Interessen Institute gemanagt werden, an Sitzungen teilzunehmen, bei internationalen Kolloquien zu »netzwerken« und Themenhefte von Zeitschriften zu verantworten, um sprichwörtlich »exzellent« zu werden und den Anforderungen der Maschine gemäß zu produzieren. Man bittet sie schlicht und ergreifend darum, das zu tun, worin die Berufung des Professors eigentlich besteht: unterrichten, lehren. Und wenn er nicht vollkommen inkompetent ist, gelangt der Lehrbeauftragte, der unterrichtet, der lehrt, ja, der in Sphären ein Auskommen findet, die der Universität fremd sind, vielleicht dazu, sich über den Inhalt, die Themen, die er vermittelt, Fragen zu stellen, für sich selbst Fortschritte zu machen und, wer weiß, interessante, originelle Thesen in angemessener Geschwindigkeit zu entwickeln. Paradoxerweise wird seine Existenz dennoch als Symptom für schlechte Lehre angesehen. In seinem Buch *Dans les ruines de l'université* macht der verstorbene Professor für Komparatistik aus Montréal Bill Readings die Existenz von Lehrbeauftragten auf Honorarbasis und in Teilzeit als den Beweis für das Scheitern der Universität aus. Doch sollte es stimmen, dass sich »der Lehrkörper auf dem Weg der Proletarisierung« befindet, dann bleibt, den Einschätzungen Readings zufolge, paradoxerweise die Existenz von Honorarkräften die einzige Chance für die Universität, der um sich greifenden Korruption zu entgehen: Vernachlässigung der Lehre, Ausrichtung der Forschung an ökonomischen Kriterien, hemmungsloses Netzwerken, maßgeschneiderte Karrierepläne … Von derlei Zwängen werden die »Lehrbeauftragten« weniger berührt. Selbstredend sind die Honorarlehrkräfte per Definition keine besseren Menschen oder bessere Intellektuelle als die Professoren. Sie befinden sich nur an einer Stelle in der Struktur, wo sie dem Druck, der durch ihre Professorenkollegen ausgeübt wird, entgehen und somit der Institution, aufgrund ihrer Tätigkeit innerhalb wie außerhalb derselben, zu ihrem eigentlichen Sinn verhelfen.

In demselben Tenor erklärt der Philosoph Jacques Rancière, dass seine wissenschaftliche Ausbildung nicht besonders ausschlaggebend dafür war, welche Fragestellungen er auf seinem weiteren Weg entwickelt hat. Das zeigen die Interviews, die er Laurent Jeanpierre und Dork Zabunyan gewährt hat, in dem Buch mit dem Titel *Die Methode der Gleichheit*. In den Vorbereitungskursen für die Zulassungsprüfung an der prestigeträchtigen École normale supérieure (ENS) stellte Rancière, angesichts der »unglaublich hohen Anzahl an schlechten Professoren«, fest, dass »an der Spitze der professoralen Hierarchie zu sein nichts mit Kompetenz oder pädagogischen Fähigkeiten zu tun hat.« Prüfungen und Auswahlverfahren stehen im Gegenteil für eine Menge an Ritualen, die weit mehr aufgrund einer »akkuraten Übung« (wie etwa in den 50er-Jahren die Beherrschung der griechischen Partikel) denn auf der Basis einer humanistischen Bildung eine Elite erzeugen. So erklärt Rancière, dass er nur selten Lehrveranstaltungen an der Sorbonne oder der ENS besucht und sich lieber bestimmten Meisterdenkern – die er in der Folge umso stärker anfechten wird – zugewendet hat, in seinem Falle Louis Althusser und Michel Foucault. Dabei bekommt die Figur des Meisterdenkers Risse. »Im Grunde ist all das, was uns provoziert, und eventuell auch alles, was uns Antworten auf die Provokation einflüstert, ein Lehrer. Diese doppelte Funktion des Provozierens und Antworten-Einflüsterns vollzieht sich durch eine Vielzahl von Texten, die von Kindergebeten bis zu Kant und Hegel gehen können, und durch alle möglichen Bewegungen, von Personen ebenso wie von Texten.« Indem sich Rancière für zahllose Begegnungen öffnet, akzeptiert er die Mannigfaltigkeit möglicher Äußerungspunkte des Denkens. So entwickelt ein Gefangener, der über die Welt der Einsperrung nachgedacht hat, ebenso eine Theorie über das Gefängnis wie ein offizieller Soziologe, der von einer Institution dazu beauftragt wurde. Dasselbe gilt für die geistige Produktion der Arbeiter, selbst schon, ungeachtet der eventuellen Ungenauigkeiten, tätiges Denken und weniger bloß das »Symbol von«, der »Ausdruck für« …, was wiederum der »Übersetzung« eines Experten bedürfte. Eine internationale Kapazität der Geisteswelt kann also nur sehr wenige Lehrveranstaltungen in seinem Leben besucht haben, die Relevanz von Auswahlverfahren, die ihn in der institutionellen Hierarchie fest angebunden hätte, bestritten und sein Denken kraft der Ablehnung kanonischer Methoden seines Felds entwickelt haben. Das ergibt Sinn. Doch um der Resignation einer »kritischen« Haltung zu entkommen – eine Haltung, die sich allzu sehr damit zufrieden gibt, die Fehler des Systems, ohne dass daraus etwas folgte, aufzuzeigen –, hat sich Rancière für die Tragweite und die Bedeutung von Phänomenen wie das Ergreifen der Stimme oder das Schreiben innerhalb sozialer Gruppen interessiert, deren Akteure keinen Status von Experten, Erben oder Regierenden besitzen. *Die Nacht der Proletarier* ist das erste seiner Bücher, das nach dem Sinn fragt, der in Gedichten, Briefen und anderen Erzeugnissen von Arbeitern zum Tragen kommt. Indem er die Demokratie als Thema wiederentdeckt, entwickelt er später in *Das Unvernehmen* oder *Der Hass der Demokratie* eine Definition, die weniger eine formale Ordnung denn ein Prinzip festhält: Die Intelligenz ist gleich verteilt, und innerhalb einer Ordnung, die die Gleichheit der Subjekte postuliert, sind wir billigerweise alle mit dem ausgestattet, was es zum Regieren braucht, sprich, Intelligenz und Willen. Die Gespräche in *Die Methode der Gleichheit* geben dem Philosophen die Möglichkeit, auf häufig gemachte Einwände unmissverständlich zu antworten. Gewiss sind nicht alle in allem kompetent und das Gleichheitsprinzip gründet nicht in einem Phantasma identischer Äquivalenz, sondern es geht dabei, was die Probleme politischer Natur betrifft, um Fragen einer »unspezifischen Kompetenz«. Mit anderen Worten, es gibt keine absolute Wissenschaft, keine spezifische Form von Intelligenz, die ein für allemal identifiziert werden könnte, um auf die Stichhaltigkeit politischer Entscheidungen zu setzen, etwa eine Armee in diese oder jene Region zu entsenden oder dem Großkapital noch mehr öffentliche Gelder zur Verfügung zu stellen. Das sind Entscheidungen, die keine Wissenschaft abschließend erklären können wird. *Politik* hat statt, wenn Subjekte anfangen, das, was ihnen gemein ist, was ihnen gemeinsam zugehört, was sie teilen, herzustellen, neu zusammenzustellen und zu denken. Das »miteinander Teilen« im Herzen des politischen Prozesses bezeichnet die Existenz eines Orts innerhalb des Denkens und des Raums, der gemeinsam besetzt und geteilt wird, und zugleich seine Aufteilung, deren Teil er ist, sofern diese Aufteilung zwischen den teilnehmenden Subjekten diskutiert werden kann. Auch da meint die Gleichheit keine strikte Äquivalenz zwischen Subjekten, sondern »eine unterschiedliche Verteilung der Einsatzformen einer Intelligenz, die für alle dieselbe ist. Man wird immer Situationen begegnen oder konstruieren, durch die man eine Gleichheit der Intelligenzen verifizieren kann.«[10] Folgerichtig führt Rancière an, dass das beste Mittel zur Auswahl der Regierenden in Demokratien das Ziehen von Losen ist, denn zum Denken disponiert zu sein ist nicht das Privileg einer spezifischen gesellschaftlichen Gruppe und es gibt nichts, das von sich aus ein für allemal eine hierarchische Struktur zu begründen vermag. Ist die Ziehung von Losen zwar kein Garant für Kompetenz, erläutert er, so lässt sich dennoch nicht sagen, ein zufällig ausgewähltes Gremium sei weniger befähigt als jenes, das aus einer Wahl hervorgeht; letzteres ist nur durch ein routiniertes Können, nämlich das Wissen darum, wie Macht an sich zu reißen ist, im Vorteil.

Die Mitglieder von Senaten und hohen Gremien in den verschiedenen Rechtsstaaten per Los auszuwählen würde eine Übergangsperiode darstellen. In einem solchen Fall würde die Tradition politischer Debatten, wie sie von den Partisanen bekannt ist, nicht grundlegend infrage gestellt, sondern die Abgeordneten müssten bei jedem Projekt für ein neues Gesetz eine aus gewöhnlichen Leuten gebildete Versammlung überzeugen. In dieser Instanz, die das Vermögen der Gemeinschaft repräsentiert, über die Stichhaltigkeit von Gesetzesvorhaben mit Argumenten zu debattieren, hätten jene, die unterschiedslos »die Leute« genannt werden, die Macht, die Entscheidung einer Regierung zu kippen. Folglich würden »die Leute« ein besonderes Interesse für das Staatswesen entwickeln. Eher als es Honoratioren und Strategen zu überlassen, die vom politischen Machtkampf eingenommen sind, sind sie im Gegenteil dazu in der Lage, sich zu jedem Zeitpunkt neu zu positionieren, um sich für oder gegen Gesetzesprojekte auszusprechen. Dies würde auch dem Problem von Wahlsiegen entgegenwirken, die Regierungen, die die Abstimmung gewonnen haben, als Blankovollmacht für alle möglichen Dinge und Entscheidungen verstehen. Gleichwohl gewähren westliche Demokratien keinerlei Plattform, um derlei Veränderungen in angemessener Weise zu diskutieren.

Über andere Zugänge macht der Psychoanalytiker Jean-Pierre Winter eine Herangehensweise an die Lehre stark, die gleichermaßen auf Autonomie setzt. Entgegen den aktuellen Ansichten interessiert sich sein Essay *Transmettre (ou pas)* in aller Bescheidenheit für »das Geheimnis der Wissenszirkulation« zwischen den Generationen, wobei er es ablehnt, den Wissenserwerb bei Schülern und Studentinnen auf das pädagogisch gefärbte Auswendiglernen zu beschränken. Die Macht des Erkennens zeigt sich bei jedem bereits seit der Kindheit am Werk, wovon Sigmund Freud (»Der kleine Mensch ist oft mit dem vierten oder fünften Jahr schon fertig«) oder Friedrich Nietzsche (»Die Eltern sind es immer, welche durch die Kinder erzogen werden«) eine Ahnung besaßen; desgleichen der Talmud, der den Embryo mit »einer gefalteten Schreibtafel« vergleicht, oder auch Thomas von Aquin, für den die Lehre von Seiten des Einen beim Anderen kaum zu Wissenschaft führen kann (»der Schüler erwirbt nicht vom Lehrer ein Wissen von Grund auf neu, sondern er wird von ihm lediglich zum Nachdenken über das angeregt, was er schon weiß)«). Wie für Rancière hat hier die Lehrberufung emanzipatorischen Charakter. Sie besteht darin, jungen Menschen ein Wissen zu offenbaren, das ihrer Interpretation bedarf. Noch geheimnisvoller: »Der Schüler soll in die Lage versetzt werden, sich das, was er weiß, anzueignen, ohne zu wissen, dass er es vergessen hat.«

In den Überlegungen von Winter spielen die Arbeiten der Psychoanalytikerin Françoise Dolto eine große Rolle. Diese interessiert sich insbesondere dafür, wie bei Kleinkindern das, was Jacques Lacan »den Blitz« der Erkenntnis nennt, entsteht, der Moment, in dem nach langen Phasen des Abmühens die Buchstaben plötzlich ein Wort, die Wörter einen Satz und die Sätze Sinn ergeben. Die Logik entsteht von selbst und führt beim Kind schnell zu Fragen, die kein Erwachsener gewöhnlich stellt, etwa: Woher kommen die Menschen und warum sterben sie? Diese grundlegenden Fragen gehen mit dem Erlernen der Sprache einher, und Winter hat keine Mühe, zahlreiche Beispiele für diese Parallelität in Kino und Literatur ausfindig zu machen.

Über die Betrachtungen zum Kleinkindalter hinaus beharrt der Psychoanalytiker auf einem Prinzip, das für alle Lernstadien gilt: »Zu viel pädagogische Aufmerksamkeit« kann dem Lernen schaden, so Lacan. Er führt als Beispiel Marcel Pagnol an, der vorzeitig, gleichsam passiv schreiben lernte, indem er schlicht mit älteren Schülern Umgang pflegte, denen sein Vater die Grundlagen der Sprache beibrachte. Aus dieser Lernpraxis entwickelt er verschiedene mimetische Formen des Lesens, die nicht allein für kleine Kinder gelten, die nur so tun, als würden sie lesen, bis zu jenem Tag, an dem alles einen Sinn ergibt. Sie existiert ebenso bei Gläubigen, die die Lektüre von auswendig gelernten heiligen Texten unablässig wiederholen, deren Tragweite ein Geheimnis bleibt.

Winter sieht den Zuwachs an autoritärer Pädagogik als ein Hindernis an, sofern sie, was in einer Lehrstunde geäußert wurde, in den Rang von »Kenntnissen« erhebt, die ungeachtet der Prozesse, durch die sie zu solchen geworden sind, eins zu eins reproduziert werden müssen. Etwas polemisch bezeichnet er solche Lehrmeister als »Edukastratoren«. Im Gegenzug schreibt er: »Wesentlich ist nicht, etwas verständlich zu machen, sondern dafür zu sorgen, dass die Hindernisse für das Verstehen aus dem Weg geräumt werden können.« Trotz allen Anscheins hat das nur wenig mit den spontaneistischen und expressionistischen Bildungstheorien zu tun, die sich als paradoxe Formen von Unterdrückung entpuppen; es ist bekannt, dass die paradoxen Aufforderungen der Art »Sei frei!« verrückt machen. Aufgrund dessen spickt der Autor sein Buch mit zahlreichen Beispielen scharfsinnigen

Unterrichts, die von der großen Intelligenz von Haus- und Privatlehrern und -lehrerinnen zeugen. In allen Fällen geht es für den Lehrenden weniger darum, auf Teufel komm raus zu vermitteln, als »die Bedingungen der Vermittlung zu schaffen«, das heißt jene, die Lacan zufolge dazu beitragen, »ein Drängen bei den Zuhörenden« zu wecken.

Zum Schluss verweist Winter auf das Vermächtnis der Lehre, insofern sie mehr auf eine Verantwortung gegenüber dem Denken und dem Fragen abzielt als auf ein enges positives und zweckmäßiges Verhältnis zum Wissen. »Vermitteln bedeutet allem voran, eine Frage zu vermitteln, die ohne Antwort bleibt.«

2 Die Wirtschaft und das Finanzwesen

In Paris hat 2013 niemand Geringeres als die Banque de France der Cité des sciences et de l'industrie eine Ausstellung mit dem Titel *L'économie: krach, boom, mue?* bezahlt. Diese Abwandlung einer Hanswurstiade von Jacques Dutronc hatte zum Ziel, das Volk mit der »Wirtschaft« zu versöhnen. Eine Halle wurde zur Simulation von Börsenmärkten umfunktioniert, in der Besucher dazu aufgefordert waren, »intelligent« auf über Lautsprecher verbreitete Informationen zu reagieren, während sie Aktien kauften oder verkauften. Und natürlich war es notwendig, dem Bürger in diesen Belangen etwas beizubringen, denn seine Unkenntnis in ökonomischen Dingen stellt, den Aussagen des Wirtschaftsprofessors Pierre-Pascal Boulanger zufolge, der als Herausgeber am Katalog der Ausstellung mitgewirkt hatte, »eine Bedrohung für die Demokratie« dar.

Nicht genug damit, dass sie ausschließlich die sogenannte klassische Strömung der »Wirtschaftswissenschaften« zeigte, zudem vermittelte die Ausstellung permanent den Eindruck, dass hinter dem ganzen Nebel von Erläuterungen seitens der Experten die wiederkehrenden Krisen, die miesen Finanzprodukte und die überschwängliche Begeisterung für Spekulation an der Börse, die ökonomischen Unwägbarkeiten ihren »Grund« haben und dass diese Gründe, angesichts der Komplexität des Gegenstands, vom einfachen Volk kaum begriffen werden können, es sei denn in hohnsprechender Form populistischer Ausstellungen – oder gar in Gestalt von Comics oder Infosendungen im Fernsehen, die allesamt nur so strotzen vor schiefen Analogien zwischen dem Haushalt von Institutionen und jenem einer Hausfrau oder eines Familienvorstands. In der Geschichte geht die Vulgarisierung oft Hand in Hand mit der Ideologie. Oder der Gegen-Ideologie, was die Dinge aber auch nicht weiterbringt.

Nun, zu einer Zeit, in welcher der Markt mit Bildungsangeboten zum Thema Wirtschaft überzogen wird, entstehen andere, viel bissigere Diskurse. Das kleine belgische Verlagshaus Zones sensibles veröffentlichte zwischen 2013 und 2014 zwei Essays von Ervin Karp (Pseudonym), die schlicht *6|5* betitelt waren und nicht schwerer zu lesen sind als die sogenannten zugänglichen Werke, wenngleich sie eine originelle Darstellung liefern, wie es dazu kam, dass »der Markt« buchstäblich seinen Kopf verloren hat. Das Buch *Krach machine. Comment les traders à haute fréquence menacent de faire sauter la Bourse* (»Maschinenabsturz. Wie Hochfrequenzhändler drohen, den Aktienmarkt in die Luft zu jagen«, Anm. d. Red.) der Schweizer Journalisten Frédéric Lelièvre und François Pilet geht in dieselbe Richtung, ebenso wie der 2015 von Ivan Macaux gedrehte Dokumentarfilm *Les nouveaux loups de Wall Street* (»Die neuen Wölfe der Wall Street«, Anm. d. Red.). Alle zeigen auf, dass der Markt zunehmend den menschlichen Geist *ökonomisiert* und damit sowohl *ein-* als auch *ausspart* und, im Wesentlichen von Algorithmen gesteuert, die manchmal außer Kontrolle geraten, dem Takt von Nanosekunden (einer Milliardstel Sekunde) unterworfen ist.[1] Eine ihrer Funktionen besteht darin, innerhalb von Nanosekunden die Anzahl der auf den Märkten abgegebenen Gebote zu verdoppeln, um als erste die begehrten Aktien zu erhalten und sie dann zu einem höheren Preis an jene weiterzuverkaufen, die sie eigentlich erwerben wollen. Den ganzen Tag über machen sich diese elektronischen Großhändler an der Börse in Blitzgeschwindigkeit über massenweise Anleihen her. Das Geschehen, das diese Vorgänge auf den Märkten erzeugen, bedroht das gesamte System. Thomas Peterffy, einer der Erfinder solcher Maschinen, hat 2010 angeführt, dass sie sich »schneller entwickelt haben als unser Vermögen, sie zu verstehen und zu kontrollieren«. Es wird unmöglich, die »Reaktionen des Markts« zu begreifen, die etwa mit dieser oder jener Information politischer Natur in Verbindung stehen, es sei denn, es ereignete sich eine Katastrophe. »Der Markt« hat schlicht und ergreifend aufgehört, gesellschaftliches Subjekt zu sein. Die ökonomische Vernunft gründet nunmehr in Computerprogrammen, die von Experten in die Schlacht geführt werden, ohne dass sie genau wüssten, was mit den Tausenden von Milliarden geschieht, die sie täglich aufs Spiel setzen.

Diese Maschinen spielen an der Börse mit den Ersparnissen der kleinen Leute, den Schulden von Staaten und dem Wert von Währungen, indem sie die Kurse, auf deren Grundlage die Ratingagenturen den an den Märkten teilnehmenden Institutionen alles entscheidende Noten verteilen, spürbar beeinflussen. Der Autor von *6|5* kommt zu folgendem Schluss: »Die Märkte sind nichts weiter als ein riesiges Theater von Vorgängen, bei denen die menschlichen Rechenmaschinen vollkommen außerstande sind, auch nur irgendetwas zu verstehen.« Ungefähr 70 Prozent der effektiven Börsentransaktionen in den USA (40 Prozent in Europa) werden heutzutage über solche Computer getätigt, doch bereits 90 Prozent der Gebote, die das Börsensystem überschwemmen und an Kursänderungen mitwirken, gehen auf ihr Konto. So hat etwa am 1. Oktober 2012 ein nicht identifizierter Algorithmus die digitalen Infrastrukturen der Börse in Beschlag genommen, indem er sie mit sinnlosen Geboten flutete, um den Zustrom von Geboten seitens der Gegner zu drosseln, wobei der Grund für dieses Vorgehen noch immer vollkommen im Dunkeln bleibt.

Nichts passt mehr irgendwie zusammen. Die New Yorker Börse befindet sich heute, physisch gesehen, in New Jersey, in einem unbekannten Vorort namens Mahwah. Dort, in streng bewachten Lagerhallen, die die Fläche von mehreren Fußballfeldern einnehmen, verbrauchen Hochleistungscomputer tagtäglich so viel Strom wie 4500 Häuser, um sich auf Hochtouren den Wert von Aktien streitig zu machen. Die Pariser Börse tut dasselbe in einer vollkommen unbekannten Stadt in der Nähe von London, in Basildon.

In derlei Kontext hat jeder kleinste Fehler schwerwiegende Konsequenzen. Am 1. August 2012 schritt ein Algorithmus, den die Maklerfirma Knight Capital ausschließlich zu experimentellen Zwecken nutzte – um zu analysieren, wie der computerisierte Markt reagieren würde, wenn sich ein Akteur plötzlich ungewöhnlich verhalten würde –, selbst zur Tat auf dem realen Markt von New York. Indem er Aktien kaufte, als sie ihren höchsten, und sie wieder verkaufte, als sie ihren niedrigsten Stand hatten, verursachte er bei seinen Klienten Verluste in der Größenordnung von 180 Dollar pro Millisekunde, sprich 180 000 Dollar pro Sekunde, also 10,8 Millionen Dollar pro Minute, und das über einen Zeitraum von 45 Minuten. Niemand war in der Lage, die Gründe für diesen Ausfall zu erklären. Ein paar Monate zuvor, am 23. März 2012 um 11 Uhr, 14 Minuten, 18 Sekunden und 436 Millisekunden, ereignete sich etwas ähnlich Erstaunliches. Die Hochfrequenzmaklerfirma BATS Global Markets war gerade mit Pauken und Trompeten an die Börse gegangen mit einem Einstiegspreis pro Aktie von 15,25 Dollar. Innerhalb von 900 Millisekunden fiel der Wert der Aktie jäh auf 0,28 Dollar und die Firma, k. o. geschlagen, musste in den folgenden Tagen von einem Konkurrenten aufgekauft werden. Ein feindlicher Algorithmus hatte seelenruhig auf den Börsengang gewartet und, sobald die Notierung bekannt gegeben worden war, in einer wahnsinnigen Geschwindigkeit nach allen Seiten hin niedrigere Gebote gestreut, sodass die Aktie sofort zu Boden ging. Nicht eine ernstzunehmende Untersuchung wurde über den Schrecken durchgeführt, den dieser Finanzwestern des neuen Jahrhunderts mit sich bringt. »Dieser neue Kampf bestätigt gleichwohl, dass von nun an die Märkte den Ort aller Konflikte bilden und dass gewinnt, wer den effizientesten und schnellsten Algorithmus besitzt«, schreibt der Autor von *5/6*.

Resultat dessen sind wiederkehrende Krisen. Jene Experten, für die das aktuelle Wirtschaftsgeschehen noch Sinn ergibt, scheinen zu träumen. Die Märkte präsentieren sich ausdrücklich als ein Theater von nicht enden wollenden Scharmützeln, und die Namen, die die Makler ihren Algorithmen verpassen – Aris, Blast, Guerilla, Iceberg, Nighthawk, Ninja, Shark, Sniffer, Sniper, Stealth und Sumo –, zeugen von diesem kämpferisch geprägten Universum. Die Lobby dieser Hochfrequenzfinanzwirtschaft begnügt sich mit der Erklärung, dass sie einer neuen Form von Darwinismus entspringt, der früher oder später die Parameter des Markts festlegen wird. In Wirklichkeit sind diese Algorithmen ohne jegliche Bedeutung für die Ökonomie der Leute. Gleichwohl wirken sie an der Bestimmung der Finanzkurse mit, indem sie sich wechselseitig in die Irre führen, sich decken, indem sie Ablenkungsmanöver auf den Märkten durchführen oder den Einsatz abräumen, nur wenige Mikrosekunden bevor ein gegnerischer Algorithmus den von ihm vorbereiteten Fang amtlich bestätigt. Blast ist zum Beispiel dafür da, Kaufgebote auf vereinzelten Börsenplattformen so zu vervielfachen, dass jede Antwort seitens feindlicher Algorithmen wie etwa Sniffer, das programmiert wurde, um Verfahrenslogiken von auf dem Markt tätigen Programmen zu entschlüsseln, unterbunden wird. Angesichts solcher Zustände wird einem unwohl zumute. In 5 schreibt Karp, dass sich im Falle von Turbulenzen die Makler automatisch fragen, »ob es sich um einen *bug* im System handelt oder ob es der Markt selbst ist.«

So viel Aufruhr führt zu blitzartigen Marktzusammenbrüchen, die die Menschen in Erstaunen versetzen würden, wenn ihre Gehirne Zeit hätten, sich dessen bewusst zu werden. Es handelt sich um schwindelerregende Kursschwankungen von Finanzwerten, die innerhalb von Millisekunden wieder eingefangen werden, um spiralförmige Sprünge in die Tiefe, aus der sie sofort wieder nach oben und in die Höhe schießen, bevor sie in freiem Fall nach unten stürzen. Ließe sich die Dauer solcher Schussfahrten mit menschlichen Mitteln wahrnehmen, so glaubte man zu träumen: Am 6. Mai 2010 konnten die US-amerikanischen Märkte innerhalb von nur zehn Minuten 700 Milliarden Dollar verlieren und wieder um dieselbe Summe zulegen. Die Schwankungen des Aktienpreises nahmen vollkommen unwahrscheinliche Züge an: »Der Kurs des Auktionshauses Sotheby's schnellte von 34 auf 10 000 Dollar in die Höhe. Jener der Beraterfirma Accenture stürzte von 40 Dollar auf 1 Cent in den Keller«, berichten Lelièvre und Pilet in dem »Warten auf den fatalen Zusammenbruch« betitelten Kapitel ihres Buches. Die Autoren lassen Techniker und Finanzingenieure zu Wort kommen, die solche Praktiken ihren französischen Studierenden beibringen und von einem solchen Wahnsinn zutiefst beunruhigt sind. Auf keinen Fall führt das System zu dem, was angeblich sein Ziel sein soll: Preisstabilität. Eine von ihnen, Nicole El Karoui, spricht von einem System, das wie eine abgekapselte Welt funktioniert, in der eine Handvoll Akteure agiert, die »nicht wissen, wohin die Reise geht«.

Diese Art von Ökonomie lässt sich schlicht nicht in Worte fassen. In den USA hat im Juli 2013 die Commodity Futures Trading Commission (CFTC), mit der Regulierung des Markts für Derivate betraut, einen Makler kraft der Bestimmungen des Gesetzes zur Finanzmarktreform, genannt Dodd-Frank, zur Zahlung eines hohen Bußgeldes verurteilt, weil er jene Hochfrequenzprogramme für Makler missbraucht hat. Er »verwendete ein Maklerprogramm, das entworfen worden war, um illegalerweise Gebote auf zum Verkauf oder Kauf stehende Termingeschäfte abzugeben, um sie kurzerhand wieder zu annullieren.« Es ging hierbei darum, Interesse an Aktien vorzutäuschen, von denen der Angeklagte im Vorhinein Anteile erworben hatte. Derlei Sanktionen sind zwar sinnlos, denn das Börsensystem ist heutzutage nicht mehr und nicht weniger als ein Schlachtfeld, auf dem die Kurse entsprechend den Aktiva und Instrumenten, über die die Akteure verfügen, bestimmt werden. Doch verfolgen sie auch einen öffentlichen Zweck, nämlich den der Verschleierung. Einen Akteur zufällig herauszupicken und an ihm ein Exempel zu statuieren, bedeutet vorzugeben, dass ein System, das für sich betrachtet korrekt funktioniert, nur von Ausnahmen am Rand gestört wird.

In dieselbe Richtung weisen jene Popularisierungsprogramme, die verhindern, dass man sich dessen bewusst wird und dieses völlig aus dem Ruder gelaufene System ganz anders organisiert werden müsste. Folglich ist man, global gesehen, dazu angehalten, von der Ökonomie zu sagen, was Franz Kafka im *Prozess* die Vermieterin hinsichtlich des Rechts sagen lässt: »Es kommt mir wie etwas Gelehrtes vor, entschuldigen Sie, wenn ich etwas Dummes sage, es kommt mir wie etwas Gelehrtes vor, das ich zwar nicht verstehen, das man aber auch nicht verstehen muss.« In Wahrheit verlangt man von uns, so zu tun, als sei bei den Entscheidungen der Mächtigen, von denen wir abhängen, irgendeine Wissenschaft von der Ökonomie am Werk. Und Demokratie bestünde in diesem Fall darin, aus den Bürgerinnen und Bürgern Partner zu machen, die in der Lage wären, das Vokabular und die Grundlagen dieser »Wissenschaft« zu beherrschen, weniger um sie zu beeinflussen, als sich von ihr einlullen zu lassen. So treibt die Vulgarisierung nachhaltig ihr Unwesen. Wenn nicht offizielle Institutionen oder rechte Presseorgane damit beschäftigt sind, sind es Bürgerbewegungen oder wirtschaftskritische Zeitschriften, die der Bevölkerung die kritische Verwendung jener allgegenwärtigen Begriffe lehren. Ein Problem bleibt in all diesen Darstellungen bestehen: Unvermeidlich halten wir an einer Terminologie fest, die uns in die Irre führt; doch nur wenigen Ökonomen scheint es zu gelingen, ihr aus dem Weg zu gehen. Sagen sie nun von sich, sie seien »unorthodox« oder »zutiefst entsetzt«, stets noch nehmen sie Bezug auf sie in durchaus begrüßenswerten, wenngleich nur zu einer kritischen Verdopplung fähigen Beiträgen.

Die dumme Ökonomie

Mit einem Mal ist es nicht mehr so verwunderlich, dass wir kollektiv abschalten, sobald es um »Wirtschaft« geht. Angesichts der Geschäftsmasse scheint es plötzlich unmöglich, auch nur die kleinste Analyse vornehmen zu können. Das Geld bremst jede Form von Reflexion, hat es einmal jene Anhäufungsschwelle genommen, hinter der es den etwas groben Index des »Bruttoinlandsprodukts«, mit dem der Fetisch einer »Schaffung von Arbeitsplätzen« assoziiert wird, spürbar ansteigen lässt. Der Ausdruck »*It's the economy, stupid*«, ursprünglich ein Slogan, um dem Diskurs der Organisatoren der Präsidentschaftskampagne 1992 von Bill Clinton Struktur zu verleihen, ließ einen glauben, dass man sich den durchschnittlichen Bürger nur als jemanden vorstellen konnte, der sich für nichts anderes interessiert, als was er unter Wirtschaft versteht, während doch mit ihm vor allem, kehrt man die Aussage um, gesagt werden sollte, dass die Ökonomie und ihre käuflichen Aprioris dumm machen und jede Hinwendung des Geists zu Problemen, die jenseits davon liegen, unterbinden. Die Wahrheit ist: *It's the stupid economy.*

Wie viele andere berichtete die Tageszeitung *Le Devoir* am 28. November 2012 vom »historischen Auftrag«, den der Bombardier-Konzern soeben an Land gezogen hatte: die Herstellung von »56 Geschäftsflugzeugen des Typs Global im Wert von 3,1 Milliarden Dollar sowie Optionen für 86 weitere Maschinen derselben Reihe im Gesamtwert von mehr als 7,8 Milliarden Dollar.« Der Vertrag brachte den Hersteller aus Quebec mit VistaJet in Verbindung, einem Unternehmen, das seine Flugzeuge, die nicht mehr als zehn Passagiere fassen, an Milliardäre verleiht, die in »allerhöchstem Komfort« zu reisen wünschen.

Warum stößt sich niemand, absolut niemand an dem Symptom, das jener Auftrag darstellt? Er täuscht über exzessive Ausgaben innerhalb der transnationalen Unternehmen und der Klasse der Großverdiener hinweg, während die Staaten ihre Bevölkerung Jahr für Jahr einem »strengen« Haushalt und »Sparmaßnahmen« unterwerfen und sie Rede für Rede für ihren vermeintlich verschwenderischen Lebensstil ausgiebig tadeln. Der Vertrag zeigt, dass die Finanzunternehmen – die von den Staaten nach 2008 vor dem Untergang gerettet wurden, indem man Hunderte von Milliarden in ihre Safes pumpte unter dem Vorwand, ihr Bankrott würde das Ende ganzer Kulturen nach sich ziehen – ihre schlechten Gewohnheiten wieder angenommen haben, da ihre Geldbestände erneut auf Vordermann gebracht wurden: Gewährung von Milliarden Dollar an Boni für ihre Manager und Aufsichtsratsmitglieder, selbst dann, wenn das Jahr mit Verlusten zu Ende geht, Schaffung von hochspekulativen Finanzprodukten in der Art von Zauberlehrlingen und luxuriöse Ausgaben wie der Kauf oder die Anmietung von Flugzeugen des Typs Global von Bombardier. Angesichts solch einer Dekadenz reibt sich der Gründungschef von VistaJet, Thomas Flohr, die Hände: »Das Niveau der Nachfragen ist unvergleichlich hoch. […] Unsere Klienten benötigen Direktflüge an jeden Ort auf der Welt und dies oftmals auf den letzten Drücker. Ob nun per Direktflug von Los Angeles nach Shanghai, von London nach Kanada oder von Kinshasa nach Ulan-Bator, wir fliegen unsere Klienten ohne

Umstieg in alle Ecken der Welt, während wir uns, was Stil und Sicherheit betrifft, zugleich in anderen Sphären bewegen.« Ein Experte der Banque Royale du Canada (RBC) bemerkte gegenüber *Devoir*, dass »die Milliardäre und Manager großer multinationaler Konzerne« von der Wirtschaftskrise überhaupt nicht betroffen waren und auch weiterhin in Geld schwimmen. Oder noch besser, dass sie »angesichts der wirtschaftlichen Lage von großer Widerstandskraft« zeugen – denn auf keinen Fall sollte man eine Gelegenheit verpassen, ihre vom Schicksal begünstigten Verdienste zu preisen, selbst wenn diese innerhalb einer Ordnung erlangt werden, die strukturell zu ihren Gunsten arbeitet.

Die »aufstrebenden Märkte«, auf denen VistaJet seine neuen Maschinen überdies in Betrieb nehmen will, befinden sich in Russland, in China, im Nahen Osten und in Afrika, das heißt an Orten, an denen das »Aufstreben« einer Schicht von Vermögenden, die in der Lage sind, die Kosten für solche aeronautischen Kapriolen zu übernehmen, zwangsläufig etwas mit politischer Korruption, Raub öffentlichen Guts, Ausbeutung natürlicher Ressourcen und anderen mafiösen Vorgängen zu tun hat.

Warum also ist es für uns nicht offensichtlich – wie dem missbrauchten Volk Frankreichs 1789 oder 1848 offensichtlich war, dass es einer monarchischen Elite seine Reichtümer und Privilegien zur Verfügung stellte –, wenn auf den Straßen Kolonnen von Autos vorbeiziehen, die ihr Geld zur Schau stellen? Warum diese plötzliche Blindheit? Weil es *gut für die Wirtschaft* ist: »Die Märkte scheinen die Nachricht gut aufgenommen zu haben, sodass der Aktienkurs der Muttergesellschaft Bombardier Inc. im Laufe des Tages um 8 % zugelegt und die Aktie mit 3,37 $ geschlossen hat.« Derlei Gemütsschwankungen werden mit dem Los der Arbeiter verknüpft. Alle sind davon abhängig. Denn wenn die Milliardäre, die »high net worth individuals«, wie das von der Politologin Susan George in *Le Rapport Lugano II* untersuchte Unternehmen Merrill Lynch sie getauft hat, ein wenig Kapital verlören und daraufhin jene Verträge auflösten, von denen der Pöbel in geringen Maßen profitiert, dann, so die Vorhersage eines Spezialisten, wären diese »Mammutverträge« nicht mehr wert als ein bloßes Gerücht an der Börse. Sie »bergen ein stark erhöhtes Risiko, im Fall eines Zusammenbruchs der Märkte annulliert zu werden.« Beten wir also, dass der Markt und die ihn stützenden Behörden die Kurse, von denen die Milliardäre abhängig sind, immerfort in die Höhe treiben …

Warum so viel intellektuelle Hemmung vor derart schockierenden Zuständen? Weil es keinen Bereich gibt, in dem die Mittelmäßigkeit mit derartiger Dreistigkeit grassiert, wie in jenem, der immer noch beharrlich »die Wirtschaft« genannt wird. Die Trickle-Down-Theorie, ein Ammenmärchen, demzufolge die Vergrößerung des Reichtums der Allerreichsten auf die gesamte Gemeinschaft unvermeidlich zurückwirke, wurde vergeblich von allen Seiten bekämpft. Experten und Akademiker propagieren sie auch weiterhin wie Marktschreier, sodass diese schlichte Annahme zum Glaubensgegenstand avanciert. Würden die Meteorologen genauso oft Regen vorhersagen wie die Ökonomen jenes Durchsickern der Reichtümer, hätte man sich schon längst von ihnen abgewandt. Diese Dummheit vernebelt unseren Verstand dermaßen, dass wir die Reichen immer noch als Schöpfer eines Reichtums ansehen, von dem wir einen geringen Teil für uns erhaschen könnten, statt sie vielmehr als diejenigen zu betrachten, die ihn zu unserem Nachteil abschöpfen.

In unserem Fall besteht die Produktion von Luxusflugzeugen faktisch in einer Veruntreuung von Intelligenz zu unnützen Zwecken. Ein Ingenieur, der auf die Innenkonstruktion solcher Maschinen spezialisiert ist, hat zum Beruf, nach Möglichkeit alle Elemente gesellschaftlicher Distinktion, deren Gebrauch die Passagiere nicht in Gefahr bringt, einfließen zu lassen. Er stellt sein Wissen in den Dienst eines Projekts, das darin besteht, Billardtische, Whirlpools und Esszimmer in Flugzeuge einzubauen, die nur eine Handvoll Privilegierter nutzt.

Streng genommen ist es nicht Verschwendungssucht, Luxusgeschmack oder blinder Hang zu gesellschaftlicher Distinktion, aufgrund derer die Inhaber solcher Flugzeuge von ihnen geträumt und sie dann auch wirklich bestellt haben. In ihnen wird sich nicht bloß amüsiert, und wahrscheinlich haben die Vergnügungen, die in ihnen stattfinden, sogar eher ein pawlowsches, weit weniger ernsthaftes Gepräge als in den Strohhütten der Benachteiligten. Im Grunde haben die strukturellen Auswüchse unserer oligarchischen Ordnung diese Maschinen für diejenigen unabdingbar gemacht, die von ihrem Aufsichtsratssessel oder anderen Positionen in Institutionen aus nach der Weltführung streben. David Rothkopf, stolzer Beobachter der globalen Oligarchie, erklärt in seinem Buch *Die Super-Klasse* in soziologischer Manier, dass die Kaste der Mächtigen den Erwerb solcher Maschinen, die leistungsfähiger sind als normale Flugzeuge, als notwendig für ihren Lebensstil erachtet, genauso wie sich ein nordamerikanischer Vorstädter nicht als Besitzer eines Luxusgegenstands wähnt, wenn er ein Auto gekauft hat, um damit zur Arbeit zu fahren, und sei es auch mit elektronischem Schnickschnack ausgestattet, der gerade in Mode ist. Diese Kaste versteht sich selbst als eine, die Raum und Zeit überwunden hat – sie ist permanent, zu jeder Zeit und allerorten, tätig, sofern sie absolut alles hinter sich gelassen hat, was, räumlich und zeitlich betrachtet, als *Wartesaal* verstanden werden kann. Und das ist nicht übertrieben, insistiert Rothkopf, wenn man bedenkt, dass der Kontext eines gewöhnlichen Flughafens mitsamt Verspätungen, Stress und Unsicherheit diejenigen teuer zu stehen kommen könnte, die sich als Entscheider und Herrscher über die Weltgeschäfte betrachten. Die Oligarchen müssen über Zeit und Leute verfügen, um von dort aus, wohin sie sich bewegen, zu regieren, zu managen. Für sie ist der Privatjet im Sinne eines Arbeitsmittels nur eine Investition, um diversen Risiken vorzubeugen (es handelt sich hierbei um ein *Risk-Management-Tool*). Der Chef eines Konkurrenten von VistaJet, Gulfstreams Brian Moss, drückt es schlicht so aus: Sein Unternehmen steht im Dienst einer sozialen Schicht, die glaubt, dass so wenig wie möglich ihrem Wunsch im Wege stehen sollte, an dem Ort zu sein, wo sie glaubt, sein zu müssen, um direkt mit denjenigen sprechen zu können, von denen sie behauptet, dass sie sie unbedingt sehen müsse, um zu tun, was sie glaubt, tun zu müssen. Das ist natürlich mit Kosten verbunden – und seien es nur die Unterhaltskosten, die zwischen 1,25 und 1,5 Millionen Dollar pro Jahr und Flugzeug schwanken, vorausgesetzt, es ist mindestens 500 Stunden im Jahr in Gebrauch. Einmal an diesem Punkt angelangt, kann es nicht mehr darum gehen, wieder einen Schritt zurück zu machen, denn in jedem Fall gilt es, konkurrenzfähig zu bleiben. Und je mehr die Angehörigen der Oligarchie in dieser Form reisen, umso weniger fühlen sie sich irgendwo fremd, denn ihre Sicht auf die Zeit und auf die Welt entwickelt sich gemäß dieses *außerzeitlichen* und *außerweltlichen* Lebens. Von den Wolken oder den obersten Etagen der Wolkenkratzer aus – eine unbestimmte, von unten kaum wahrnehmbare Position – erschaffen sie Finanzprodukte, die ihnen etwa erlauben, Wetten auf oder gegen wirtschaftliche Problemlagen abzuschließen (die Entwertung griechischer Staatsanleihen, Termingeschäfte mit Lebensmitteln, willkürliche Verbriefung von Hypotheken zahlungsunfähiger Familien), um sich, sollte es zu einer Katastrophe kommen, in massiver Weise zu bereichern.

Rothkopf betont, dass die Mitarbeiter von Gulfstream – es könnten auch die von Bombardier sein – stolz seien, an der Herstellung von Maschinen mitzuwirken, die einer Schicht vorbehalten sind, in deren Nähe sie niemals gelangen würden. Sie betrachten sich als die wenigen »Nutznießer der Globalisierung«, die auf ihren Wiesen die Arbeit des Kapitals niederregnen sehen. So verschließt alle Welt die Augen, der gemeine Leser von derart reißerischen Zeitungsblättern wie jenem inbegriffen, das den »historischen Vertrag« von Bombardier angekündigt hatte, aus Mitgefühl für diejenigen, die dadurch einen Job finden, und aus Zufriedenheit, dass sie ein paar Steuern zahlen (während das Unternehmen selbst …). So folgen alle in großer Höhe und aus Leibeskräften den Begriffen und der Ideologie einer Herrscherkaste, die selbst nichts mehr mitbekommt und empfindet. Es ist eine »Superklasse«, wie Rothkopf schreibt, ein Klasse, die die Klassenordnung als solche deklassiert, um buchstäblich über allen Dingen zu schweben. Und von diesem Standpunkt aus ist es eine Klasse, die *alles ökonomisiert und damit ausspart*– die alles den Bedingungen der Markt- und spekulativen Wirtschaft unterwirft, wobei sie die unhaltbaren Zustände, die dadurch hervorgerufen werden, nicht mehr sieht. Derart verschafft die Oligarchie, vermittelt durch enge Kriterien aus Buchhaltungs- und Managementwesen sowie aufgrund ihrer getreu wiedergegebenen Ideologie, verabscheuungswürdigen Vorschlägen eine gewisse Höhe.

*

Hier unten können wir es sehen. Überall. Und es ist gewaltig. Wir sollten unsere Augen ganz weit aufsperren. Doch im Gegenteil sind wir alle zusammen unfähig, es zu sehen. Es gibt genügend Beispiele, die uns Schmerzen bereiten, doch wir lassen sie ungestraft geschehen. Nachdem China dazu gebracht wurde, seine Industrielandschaft in eine riesige Freihandelszone zu verwandeln, um die Produktion von spottbilligen Konsumgütern für die gesamte Welt zu ermöglichen, macht nun die nordamerikanische Oligarchie genau das Gegenteil und richtet bei sich eine Handelszone für Privilegierte ein, um die Ansprüche ihrer chinesischen Geschäftspartner zu befriedigen. Der Sozialstaat, der in einer heillosen Abwärtsspirale begriffen ist, sackt damit noch weiter ab.

Die Min Ying Holdings, ein erstklassiger chinesischer Finanzakteur in den Sektoren Bank, Elektrizität, Versicherung und Immobilien mit Vermögenswerten von einer Milliarde Dollar, wird demnächst ein internationales Handelszentrum in Amerika eröffnen, um eine große Anzahl chinesischer Unternehmen als Geschäftspartner begrüßen zu können. Es geht darum, die Zahl der lokalen Zwischenhändler, die zwischen den asiatischen Sweatshops und den westlichen Verbrauchern stehen, auf ein Minimum zu reduzieren. Und genau in Quebec wird dieses Establishment seinen Brückenkopf errichten – man ist noch unentschieden, ob in Mirabel, Laval, Longueuil oder Varennes.

Die Min Ying Holdings arbeitet auf dem Territorium von Quebec bereits partnerschaftlich mit einer in Mirabel ansässigen chinesischen Firma zusammen, dem Mirabel International Trading Center (MITC). Mirabel ist schon eine Freihandelszone, die von der Quebecer Regierung geschaffen wurde, um »eine progressive Ökonomie« zu fördern. Doch im Grunde handelt es sich eher um ein regressives

Dispositiv zur Erlassung von Steuern für Unternehmen, die sich dort niederlassen, insbesondere im Luftfahrtbereich. Die internationale Handelszone von Mirabel sieht einen Einkommenssteuersatz von null Prozent vor, eine Abschaffung der Kapitalsteuer, eine Befreiung von Sozialversicherungsbeiträgen sowie diverse weitere finanzielle Zugeständnisse und Steuergutschriften. Die MITC wurde in der Hoffnung geschaffen, das chinesische internationale Handelszentrum direkt in Mirabel anzusiedeln. Radio Canada vom 28. April 2015 zufolge scheint sie nach der Begutachtung von Longueuil und einem Terrain in Laval, dass ihr wohl eine größere Zahl an Parkplätzen geboten hätte, letztlich mit Varennes vorlieb zu nehmen. Ob sie sich nun für die Île de Jésus oder die Rive-Sud, Vororte im Norden und Süden von Montréal, entscheidet – man kann in jedem Fall stark davon ausgehen, dass sie ebenso vorteilhafte Bedingungen wie jene in der Freihandelszone aushandeln wird.

Dieses Projekt ist, selbst für Begriffe der Ideologie des freien Markts, wirtschaftlicher Irrsinn. Nachdem die nordamerikanischen Staaten die politisch vollkommen verrückte Idee umgesetzt hatten, den Kontinent von seiner produzierenden Infrastruktur zu befreien, indem sie sie hauptsächlich nach China auslagerten und so ihrer Bevölkerung vor allem Tätigkeiten im Dienstleistungsbereich vorbehielten, wird dieses Megahandelszentrum schließlich dazu führen, dass ihr auch noch die letzte Möglichkeit, einen Arbeitsplatz zu ergattern, genommen werden wird. Der Lobbyist aus Quebec, der sich für das Dossier verantwortlich zeichnete, aus dem *Le Journal de Montréal* am 27. November 2013 zitiert, erklärte doch tatsächlich, dass sich für dieses Handelszentrum »1 000 chinesische Unternehmen in Quebec ansiedeln und die Zwischenhändler verdrängen werden«, das heißt die Händler und Lieferanten von hier. »Die gesamte Produktion würde in China stattfinden«, dazu noch der Vertrieb bis nach Amerika von chinesischen Staatsangehörigen abgewickelt. *Le Journal de Montréal* fügt hinzu, dass dieses Projekt unmittelbare Auswirkungen auf den Preis haben wird, zu dem die lokalen Konkurrenten ihre Waren zu verkaufen gezwungen wären. Mit Verweis auf ein vergleichbares Zentrum in Schanghai – ein »Paradies für Verbraucher«, das als Modellprojekt dient – wird angeführt, dass »es dort mehr als 62 000 Geschäfte gibt, die über 400 000 Produkte anbieten, deren Verkaufspreise die Marktpreise beeinflussen«. So sind die lokalen Händler nicht mehr die Einzigen, die Produkte vertreiben; zudem werden diejenigen, die der Konkurrenz zu widerstehen versuchen, unter den Auswirkungen dieses Preisdumpings zu leiden haben, sofern sie etwa ein Küchengerät, das von Kindern in China hergestellt wurde, statt für einen Dollar für 50 Cent verkaufen, wenn das der Preis ist, den die neuen Händler festlegen.

Die Spitze politischer Wirren besteht nun darin, dass der für das Dossier verantwortliche Lobbyist aus Quebec ein Sympathisant der Unabhängigkeitsbewegung ist, nämlich Roger Pomerleau, ehemaliger Abgeordneter des Bloc Québecois in Ottawa. Im Namen seiner schlicht Stratèges de l'avenir enrg. getauften Firma fragt er offiziell bei der Regierung von Quebec an, »die Ansiedlung von 1 000 chinesischen Unternehmermigranten im Rahmen der Eröffnung eines nordamerikanischen internationalen Handelszentrums in Quebec zu erleichtern, um Quebec im Bereich des internationalen Handels wettbewerbsfähiger zu machen.« Die *Strategen der Zukunft* und andere Schmalspurdenker besitzen ein untrügliches Gespür für Euphemismen, wenn sie Preisdumping beschreiben, das in Quebec betrieben werden soll. Die 1 000 Migranten – das sind durch den auf ihre Interessen zugeschnittenen »Wettbewerbsrahmen« privilegierte Händler – könnten auf Baufirmen zurückgreifen, die bereit wären, ihnen sofort »Häuser im Wert von 800 000 $ zu bauen«. Man wähnt sich hier nicht umsonst in einem Vorort. Doch am Horizont zeichnet sich weniger ein chinesisches Viertel ab denn eine *gated community*, die auf ökonomischer Ebene den Ton angibt und in Quebec als mächtige Lobby auftritt. Und wie um auf den Schwindel hinzuweisen, schreibt die Zeitung von Quebecois im Konjunktiv: »Die chinesischen Unternehmer würden sich dafür einsetzen, Französisch zu lernen, […] und mindestens 1 000 Arbeitsplätze für die lokale Bevölkerung schaffen.« Es ließe sich lange über den Sinn des Ausdrucks »lokale Bevölkerung« nachdenken, wenn er von einer Zeitung verwendet wird, um damit ihre eigene Leserschaft zu bezeichnen. In Wirklichkeit werden hier keine Menschen willkommen geheißen, sondern eher das internationale Kapital, das die Macht besitzt, seine Gastgeber zu entfremden, noch bevor es überhaupt bei ihnen angekommen ist.

Vor nicht allzu langer Zeit hat Roger Pomerleau seinen Posten an den ehemaligen liberalen Minister Martin Cauchon abgegeben. Nun steht dieser dem Projekt offiziell vor, zumindest tat er es auf Rechnung der Anwaltskanzlei Heenan Blaikie, bis letztere sich im Februar 2014 auflöste. »Der ehemalige Premierminister Kanadas, Jean Chrétien, mittlerweile Berater-Anwalt bei Heenan Blaikie, scheint Roger Pomerleau zufolge ebenfalls involviert«, berichtet unsere Quelle. Vielleicht kümmert sich Jean Chrétien jetzt bei Dentons Canada um das Projekt, im Rahmen seiner neuen Funktion als Spezialist für »Entscheidungsprozesse auf Regierungsebene«, wie es der Chef der Kabinettsleitung nennt? Martin Cauchon wiederum gelangte zwischenzeitlich, im März 2015, unerwartet in den Besitz von sechs großen Regionalzeitungen, die bis dahin der Gesca-Gruppe der Desmarais-Familie gehört hatten. In dieser Sache haben also drei öffentliche Personen mutmaßlich Informationen politischer Natur zu privaten Zwecken verkauft, die sie in Ausübung ihrer politischen Funktionen erhalten hatten.

Durch ein solches Projekt wird ein Stück Quebec zu einer Freihandelszone internationalen Ausmaßes, die alle daran beteiligten chinesischen Lieferanten zufrieden stellen soll. »Geschäftsleute aus ganz Kanada und den USA würden nach Laval [oder Varennes] kommen, um ihre Verträge abzuschließen, und nicht nach China«, schreibt *Le Journal de Montréal*. Es darf ernsthaft befürchtet werden, dass die Anwesenheit der Min Ying Holdings die Umwandlung von Quebec in ein Offshore-Gebiet immer weiter vorantreibt. Dieses Unternehmen ist die absolute Permissivität von Offshore-Systemen gewohnt, ist es doch zugelassen in Macao, einem Steuerparadies von seltener Undurchdringlichkeit direkt in China. Diese Region hat sich auf die Registrierung von Unternehmen spezialisiert, das Bankgeheimnis ist hier heilig und die Besteuerung gleich null. Die Migration millionenschwerer chinesischer Investoren hat klaren Anteil an der Offshore-Wirtschaft. WealthInsight, ein Unternehmen, das auf Informationen zur Identifizierung der reichsten Akteure spezialisiert ist, schätzte im Jahre 2013, dass die vermögenden Chinesen 658 Milliarden Dollar auf Konten in Steueroasen besitzen. Und die Zahlen steigen fortwährend an.

Informationen in dieser Sache sind von großem Interesse, selbst wenn *Le Journal de Montréal* sie schlicht auf die Seiten des Ressorts »Investition« verbannt hat. Sie verschaffen uns eine Vorstellung von der Umwandlung in ein Offshore-Gebiet, die Kanada gerade erlebt. British-Columbia entwickelt sich zur Drehscheibe des asiatischen Rauschgifthandels; Alberta stellt sich als Erdöl-Staat auf und wird darin von Saskatchewan kopiert; Ontario ist das Weltschlupfloch für Bergbaugesellschaften, die im Ausland ihr Unwesen treiben; Quebec ist ein Mineral-Staat, der sich nun seinerseits für Erdöl interessiert, während er zugleich die Kanzlei Maples beherbergt, eines der größten Unternehmen, das auf die Schaffung von Offshore-Gebieten spezialisiert ist, ganz zu schweigen von seinem erwachten Interesse an dem Zweig chinesischer Import-Export; schließlich hat Nova Scotia ein Einstellungsprogramm entwickelt, dass Firmen von den Bermudas erlaubt, ihre laufenden Geschäfte durch Buchhalter aus Halifax abwickeln zu lassen, während ihre Begünstigten in diesem Archipel Steuerbefreiungen genießen, die wiederum eine Auslagerung der Geschäfte dorthin nahelegen …

Einfach alle sind daran beteiligt: ehemalige Abgeordnete, Minister, sogar Premierminister, die die entscheidenden Leute kennen und das gesamte Räderwerk öffentlicher Verwaltung, in der Absicht, den Staatsapparat in eine Maschine zu verwandeln, die für Industrie- und Finanzoligarchen Kapital einfährt. Nicht eines dieser Projekte wurde in der Öffentlichkeit diskutiert. Das Volk soll sich lieber um Statussymbole reißen, alles andere hat es nicht zu interessieren.

Verstärkung durch Experten

»Experten« eilen Finanzoligarchen, die jene finanzieren, zu Hilfe, sobald diese in ihre alten Muster – Korruption, Verlogenheit, Mittelmäßigkeit – zurückfallen. Wurde die Regierung von Quebec etwa von einem Skandal erschüttert, in dem Arthur Porter, ein des Betrugs angeklagter Manager, der auf den Bahamas lebt, Geld veruntreut hat? Egal was auch passiert, er kann in jedem Fall auf seine Hilfswissenschaftler im Fernsehen zählen, einen Professor für Verwaltung der Universität Sherbrooke sowie einen »Governance«-Hardliner. Messaoud Abda und Michel Nadeau spulen am 4. März 2013 in der Sendung von Anne-Marie Dussault seelenruhig ihre Ansichten zu diesem Betrüger herunter: dass es doch ganz natürlich sei, in ihm einen respektablen und rechtschaffenen Mann zu sehen. Ist sein »Lebenslauf« denn nicht »außergewöhnlich und beispielhaft«, wird ersterer verlauten lassen, der sich damit brüstet, Finanzkriminalität zu untersuchen? Aber ganz gewiss, legt letzterer noch einen drauf, sein Zeugnis ist »tadellos«. Er war doch bloß ein Migrant aus Afrika, der über Oxford, Cambridge und Toronto nach Kanada gekommen war, ein Freund von Stephen Harper, der ihn zum Nachrichtendienst geholt hatte, und ebenso ein Vertrauter von Philippe Couillard. Und war er davor nicht sogar Berater von George Bush? Und ersterer, ganz hin und weg, setzt nach: Er »hing« beim Nachrichtendienst »herum« und verstand es immerhin, Bernard Madoff für sich einzunehmen … Doch wen, außer die Experten für »Governance«, sollte das in Sicherheit wiegen? Wahr ist, dass dieses Sem, das noch vor ein paar Jahren unserem Wortschatz fremd war, aufgrund seiner permanenten Wiederholung (nicht weniger als 15 Mal in einem kurzen Text in *Devoir* vom 6. Dezember 2013, verfasst von Yvan Allaire, einem weiteren Kleinkrämer der »Regierungstechniken«) an Konsistenz gewonnen zu haben scheint. Andere fragen sich zu Recht, seit wann der Eintritt in die Kreise der Oligarchie, in den Nachrichtendienst und in die Machtzentren der USA als Garant für irgendeine moralische Haltung und Interesse am Gemeinwesen dienen soll. Kurzum, die Elite Quebecs ist von einer derart makellosen Akte

»geblendet« gewesen. Die »Experten« haben es an besserer soziologischer Intuition mangeln lassen. Nichts über Einflussnahme, nichts über Lobbyarbeit, nichts über gegenseitige Gefälligkeiten all dieser Manipulatoren aus so vielen unterschiedlichen geschäftlichen Netzwerken. Auch nichts darüber, wie Steuerparadiese die systematische Vertuschung betrügerischer Handlungen erlauben. Warum sich mit diesem Kleinkram aufhalten, wenn man sich selbst in den Mittelpunkt stellen und von seiner gespielten Überraschung erholen kann, um alsgleich die mutmaßlich betrügerischen Praktiken des Betroffenen und die Gründe dafür ausführlich zu erläutern? Die Wissenschaft des Regierens besteht in der Kunst des *second guessing*, ein Denken des *Man hätte sollen*.

Ansonsten versucht sie im Vorfeld die Auswüchse des Systems zu verschleiern, damit nichts in Frage gestellt wird. Wenn ein Medienmogul und erstrangiger Investor wie Pierre-Karl Péladeau die ungeheuerliche Entscheidung trifft, in die Politik zu gehen, und sich sogar anschickt, Anführer der Opposition zu werden, dann wird sich Michel Nadeau beeilen, ein System zu entwerfen, dass es ihm erlaubt, seine grenzenlose Macht unter dem Deckmantel der Legitimität auszuüben. Allerhöchstens wird er über das Problem des Interessenkonflikts nachdenken, sofern jener die Gelenke des Systems schmiert, damit die Subjekte nichts knirschen hören: »Es gibt nicht viele Länder auf der Welt, in denen Politiker dazu gezwungen wurden, sich von ihrer Haupteinnahmequelle zu verabschieden, selbst im Fall von Eigentümern von Medienunternehmen. […] Es muss dafür gesorgt werden, dass Geschäftsleute auch weiterhin in die Politik gehen können«, sagte er Radio-Canada am 14. März 2014, als ob es sich dabei um einen simplen Broterwerb handelte. Péladeau könnte sein Vermögen, ginge es nach Nadeau, einfach einem unabhängigen Trust anvertrauen, während sein Medienbesitz an eine Einrichtung fiele, von der er weniger als 50 Prozent Anteile besäße. Diese rein virtuellen Trennwände würden ein und derselben Person erlauben, für die Presse, den Mobilfunk, ein Sportstadion und »Kulturindustrien« auf einmal verantwortlich zu sein und gleichzeitig ein öffentliches Amt auf höchster Ebene zu bekleiden, ohne dass das grundlegende Problem, an dem wir uns dabei stoßen, jemals auch nur gestreift würde: Wie kann eine Gesellschaft eine solche Konzentration von Vermögen und Macht nicht nur in der Person eines politischen Repräsentanten, sondern in der irgendeines Bürgers überhaupt zulassen? Den Experten für Regierungstechniken gelingt es, alle Fragen zu diesen skandalösen Dingen abzutun, indem sie sie für selbstverständlich erklären. »Nehmen wir zum Beispiel, in einer Demokratie, den ehemaligen Bürgermeister von New York City, [Michael] Bloomberg, der auch der Besitzer einer der größten Nachrichtenagenturen der Welt ist [Bloomberg LP]. Nach der Politik ist er immer noch Eigentümer«, erklärt Nadeau und schöpft so aus seinem breiten Repertoire an wahrlich inspirierenden Beispielen.

Große Töne spuckt überdies das Institut du Nouveau Monde (INM). Dessen Direktor Michel Venne ist von seltenem Opportunismus. Im Juni 2015 glaubt er eine ihm abgehende Jugend ködern zu können, indem er auf einem Plakat – das in lebhaftem Rot gehalten ist und von seinem Gesicht geziert wird wie das Erich Honeckers in der guten alten Zeit, als bürokratische Regime noch Personenkult betrieben – »Revolution« ruft. Einige Monate zuvor hatte er eine Reihe öffentlicher Veranstaltungen organisiert, um die Bevölkerung dazu zu bewegen, den fiskalischen Kurswechsel der Regierung von Quebec mitzutragen: die Erhöhung der Steuersätze für öffentliche Dienstleistungen, um die Einnahmeausfälle zu finanzieren, die vor allem durch die weit zurückreichende Entscheidung, die Körperschaftssteuer zu senken, entstanden waren. Bis 2012 hatte das INM einen Pakt mit Minalliance, der Bergbau-Lobby, geschlossen, die es beauftragt hatte, in der Bevölkerung eine breitangelegte »nationale Debatte« zu einem Zeitpunkt anzustoßen, als das Image der Bergbauunternehmen im Keller war.

In *Das Kritikon* prangerte Baltasar Gracián bereits im 17. Jahrhundert solche Personen an: »Einer, der es nicht nötig hatte zu studieren und sich anzustrengen und dennoch als gelehrt und weise gilt, der sich nie die Brauen an der Studierlampe versengte, aber einen beeindruckenden Bart trägt, der nie den Staub von den Büchern blies, dafür umso mehr Staub aufwirbelt, der kaum die Augen aufgetan hat und doch erweckt ist, der ohne durchwachte Nacht oder ein früh begonnenes Tagwerk zu gutem Ruf gelangt ist; kurz, ein Orakel der Menge, von dem alle überzeugt sind, er wisse gar nicht, was er alles weiß.«[2] Direkter beschreibt es wiederum die Feministin Andrea Dworkin: »Während das Geschwätz von Frauen allgemein als lächerlich, prosaisch und frivol verschrien ist, wird aus jenem der Männer eine Theorie, eine Idee oder eine Tatsache.«

Geldkrank

Für solche Führungsfiguren dient Geld als Schutzschild gegen alles. Im modernen Leben hat es sich als ein Element in der Berechnung des Durchschnittswerts etabliert, nachdem es zum Zeichen der Wahl für die Vermittlung von Waren untereinander erkoren worden war. Diese durchschnittliche Maßeinheit von mit einem Wert versehenen Dingen hat sich in der Geschichte als ein wesentlicher Faktor der Mittelmäßigkeit erwiesen. Für Georg Simmel dienen Festsetzung und Schwankung eines Preises, der durch das Geld ermöglicht wird, in Wirklichkeit dazu, das durchschnittliche Wertniveau einer Ware im Verhältnis zu allen anderen Gegenständen einerseits und zum Grad an Opferbereitschaft andererseits, die das Subjekt, das die Ware begehrt, aufzubringen bereit ist, um die durchschnittliche Entfernung zu überbrücken, die es von ihr trennt, zu bemessen. Der durchschnittliche Wert der Dinge im Verhältnis zur durchschnittlichen Bereitschaft der Subjekte, den sie von jenen trennenden durchschnittlichen Abstand zu überwinden, ist also das, was der Geldpreis als Ergebnis einer Berechnung, die noch nicht einmal angestellt werden muss, verkörpert. An der Wende des 19. zum 20. Jahrhundert hat das Werk von Georg Simmel nichts mit dem der gewöhnlichen Ökonomen gemein. In erster Linie ist er an der sozialen und kulturellen Rolle des Geldes in der Moderne interessiert, das heißt wie es gleich einem Computer avant la lettre agiert, der in der Lage ist, in den Köpfen der Menschen Vergleichbarkeit, Vereinbarkeit und Verrechenbarkeit aller Dinge hinsichtlich ihres Wertpotenzials zu verwirklichen. Simmel untersucht auch die Abirrungen, die durch das Geld befördert werden. Denn sofern das Geld von all diesen Mittelwerten zeugt, wird es selbst zum Zugangsmittel zu jedem Ding. Es in ausreichender Menge zu besitzen bedeutet die Überwindung des Abstands zu dem, was wir begehren, ohne dafür besondere Strategien entwickeln zu müssen. Geld ist wirtschaftlich, weil es uns erlaubt, strategische Überlegungen zu ökonomisieren und einzusparen, schließlich ist es sehr viel einfacher zu handhaben. Als Mittel aller Dinge wird es zum Übermittel. Und im Sinne eines Übermittels hat sich das Geld in der Geschichte letztlich als paradoxer höchster Zweck durchgesetzt: Unser höchstes Ziel besteht darin, dieses alldingliche Zugangsmittel zu besitzen. »Und gerade das Geld ist für die Mehrzahl der Kulturmenschen das Ziel aller Ziele geworden, der Besitz, mit dem, so wenig die sachgemäße Vernunft es rechtfertigen mag, die Zweckbemühungen dieser Mehrzahl abzuschließen pflegen. [...] Mangel bedeutet für das Bewusstsein des modernen Menschen nicht Mangel an Gegenständen, sondern nur Mangel an Geld, sie zu kaufen«, schreibt Simmel 1916 in »Die Krisis der Kultur«.[3]

Die Probleme beginnen, sobald man aufhört, aus dem Geld ein Medium des Werts zu machen, und so tut, als enthielte es selbst den Wert, als wäre es dieser.

Es bedarf wohl keines besonderen Nachweises, daß diese Vordatierung des Endzwecks an keiner Mittelinstanz des Lebens in solchem Umfange und so radikal stattfindet als am Geld. Niemals ist ein Objekt, das seinen Wert ausschließlich seiner Mittlerqualität, seiner Umsetzbarkeit in definitivere Werte verdankt, so gründlich und rückhaltslos zu einer psychologischen Absolutheit des Wertes, einem das praktische Bewußtsein ganz ausfüllenden Endzweck aufgewachsen. Auch wird diese abschließende Begehrtheit des Geldes gerade in dem Maße steigen müssen, in dem es immer reineren Mittelscharakter annimmt. [...] Seine wachsende Bedeutung hängt daran, daß alles, was nicht bloß Mittel ist, aus ihm herausgeläutert wird, weil erst so die Reibungen mit den spezifischen Charakteren der Objekte hinwegfallen. Indem sein Wert als Mittel steigt, steigt sein Wert als Mittel, und zwar so hoch, daß es als Wert schlechthin gilt und das Zweckbewußtsein an ihm definitiv haltmacht.[4]

So unlogisch es auch scheinen mag, bedeutet das Geld zu lieben, seiner Anziehungskraft zu unterliegen, dass wir dem verfallen sind, was uns Zugang zu allem gewährt, und das heißt in Wahrheit, durch nichts angezogen zu sein – durch nichts anderes als ein Mittel, alle Dinge von Wert zu erlangen, die von ihm auf ihren einfachsten Ausdruck reduziert wurden. Paradoxerweise wird dies im »praktischen Bewusstsein« gleichwohl vergessen, weil das Geld zum *Wert an sich* avanciert. Sich diesem Mittel, das nur eines unter vielen Mitteln ist, zu verschreiben bedeutet, das Medium des Werts für den Wert selbst zu nehmen und zunehmend eine unpersönliche, indifferente, undifferenzierte, neutrale und durchschnittliche Wertstatistik zu verfechten. Kurz, dieses Phantombild des Werts zur Sache selbst zu erklären und somit die Karte dem Territorium vorzuziehen. Für das Bewusstsein tendiert das Geld dazu, alles diesem neutralen Bezugspunkt entsprechend gleichzumachen. Dieses Mittel, alles zu erwerben, ermöglicht den Erwerb alles dessen, was es durchschnittlich, mittelmäßig macht.

Im Gegensatz zu Karl Marx richtet Simmel seine Aufmerksamkeit auf die psychischen Folgen, die eine derart vom Fetisch-Symbol des Geldes beherrschte Kultur mit sich bringt. Wie das Kapital, so verdirbt auch das Geld, nur diesmal auf psychischer Ebene. Es verdirbt, weil es dazu führt, dass die Tätigkeit des Geistes nur noch auf ein Mittel abzielt, das ihn nach und nach jede Sensibilität für die Diversität der Welt verlieren lässt. Im dritten Kapitel der *Philosophie des Geldes* breitet Simmel, so wie La Bruyère, einen Fächer von Idealtypen aus. Seine Ätiologie beinhaltet vor allem die Figuren des Geizigen, des Verschwenders, des Habgierigen, des Blasierten und des Zynikers. Das Geld bildet das Zentrum dieser Persönlichkeitsentwicklungen, es bringt sie hervor. Bei allen wirkt das Geld in Form einer Prothese, die es dem Geist ermöglicht, sich von den empirischen Gegebenheiten zugunsten von entkörperlichten Buchführungsmodalitäten abzuspalten. Auf psychischer Ebene hat sich das insoweit bestätigt, als diese bildhafte Vorstellung an der Börse Wirkung zeitigt und sich in der Unendlichkeit eines weltweiten Computernetzwerks materialisiert, wobei das Geld die Zählung, die Verbuchung der Wirklichkeit gegenüber ihrer Geltung, aus der es, etymologisch, gleichwohl hervorgeht, immer mehr verzerrt. Von nun an sind die von den Bildschirmen gelieferten Daten Gesetz. Erklärungen für eine Ökonomie, die man nicht mehr (anders) wahrzunehmen vermag, lassen sich allein noch in den vollkommen aseptischen Bilanzen finden, die über unbefleckte Screens laufen oder aufrecht in unwiderlegbaren Spalten der Geschäftsbücher stehen. Es macht krank, dermaßen weit von wirtschaftlichen Vorgängen entfernt zu sein, mit denen man vormals in direktem Kontakt gestanden hat: Sie bestanden darin, konkrete Strategien zu entwickeln, um den Abstand, der uns als Subjekte von den begehrten Objekten trennt, zu verringern. Die Überführung von Erwerbsstrategien auf eine monetäre Ebene führt dazu, dass wir die Welt ökonomisieren und damit zugleich ein- und aussparen. Das setzt uns zu, denn das Zeitalter bleibt von dieser allgemeinen Verdrängung nicht unberührt.

Der Geiz zuerst. Wer davon betroffen ist, bewundert das virtuelle, durch das pekuniäre Zeichen verheißene Vermögen, wobei er sich davor hütet, ihm in irgendeiner Form Gestalt zu verleihen. Besser ist es, sich die unzähligen Erwerbungen, die es verheißt, auszumalen, als es in eine einzige umzuwandeln. Der Geizige fordert vom Geldwertzeichen, dass es ihm den ganzen von ihm versprochenen Genuss verschaffe, ohne dass zwangsläufig eine Konkretisierung des Genusses stattzufinden habe. Der Geizige will »die abstrakte Form von Genüssen, die man dennoch nicht genießt«,[5] kosten, er bittet das Geld, an seiner Stelle zu genießen. Weil er, derart vermögend, imstande ist, »alles« zu vermögen, ist dieser Kapitaleigner davon entbunden, gleichsam *wirklich zu vermögen*, und bleibt so vor einer möglichen Enttäuschung, die jeder Kostprobe innewohnt, geschützt. Das Geld verleiht den unendlichen Phantasmen von Möglichkeiten Legitimität und bringt das Vermögen, alles umstandslos konkretisieren, umsetzen zu können, zum Schillern. Diese Haltung beruht auf einer Macht, die das Geld in der modernen Kultur in sich birgt. Es hat »sinnliche« Qualität und bleibt vollkommen fremd zugleich, kulturell gilt es als absolutes und abstraktes Zeichen für den Wert, und genau darin regt es die Phantasie wie »reine Energie«[6] an.

Der Verschwender hingegen verachtet all diese Symbole und sucht danach, Stück für Stück von der verheißenen Frucht selbst zu kosten. Lässt sich vielleicht sagen, dass der Geizige und der Verschwender derselben Ordnung entspringen, insofern der eine »umgekehrt« zum anderen vorgeht? Ohne die Gemeinsamkeit zwischen beiden abtun zu wollen, muss gleichwohl auf einen entscheidenden Unterschied hingewiesen werden, der solch eine Gleichführung problematisch erscheinen lässt. Er besteht darin, dass, auf der einen Seite, der Geizige sich an die monetären Zeichen klammert, sie anhäuft und ihre gnadenlose Härte soweit einfordert, dass er, wie in Balzacs *Eugénie Grandet*, dem Größenwahn verfällt und nur noch Geld als Kriterium für einen Zugang zur Macht gelten lässt, während, auf der anderen Seite, die verschwenderische Haltung dadurch gekennzeichnet ist, alle Institutionen souverän abzulehnen, die darum bemüht sind, dem Geld allgemeine Akzeptanz zu verschaffen. Simmel stehen gar nicht genug negative Ausdrücke zur Verfügung, um die Sorglosigkeit und gesellschaftliche Ungezwungenheit des Verschwenders zu definieren, den kompletten Verlust seiner Absicherungen, was zu Beziehungslosigkeit, Maßlosigkeit und Grenzenlosigkeit führt, seine Ansprüche, die durch nichts eingedämmt werden können, er, der absolut deformiert, formlos ist. All das entfaltet sich mit hemmungsloser Gewalt. Shakespeares Timon von Athen kommt hier einem in den Sinn.

Jetzt betritt der Habgierige die Bühne. Dieser scheint gar keinen Typus mehr zu bezeichnen, sondern lässt eher an die moralische Verwerfung und Verwirrung denken, in die einer stürzt, sobald er über Vermögen verfügt. Habgier entsteht notwendig in Zusammenhängen, in denen es unmöglich wird, Geld auch nur mit dem geringsten Verdienst in Verbindung zu bringen, und in denen unklar ist, was »Geld« eigentlich bedeuten soll, wenn es derart seiner Funktion beraubt wird und nur noch die Summe von Phantasmen darstellt, denen es Gestalt verleiht. Vor allem ist dies der Fall bei Erbschaften, wenn man an der Börse absahnt oder wenn ein Manager einen gigantischen Bonus von seinem transnationalen Unternehmen erhält. Solches Geld steht in keinem Bezug zu irgendeiner Arbeit, zu irgendeiner konkreten Umsetzung gleich welcher Art oder zu irgendeinem formellen Prozess. An diesem Punkt kommt die Gewalt zum Vorschein. Dieses Geld scheint direkt mit dem Unbewussten verknüpft zu sein und die niederträchtigsten Leidenschaften auf den Plan zu rufen: Eifersucht, Hass, Aggressivität, Ressentiment, Angst, Gier …

Der Blasierte wiederum erkrankt an der Sicherheit der Einkünfte. Nachdem er seinen Monatslohn als Angestellter für die Durchführung einer Reihe von repetitiven und standardisierten Vorgängen erhalten hat und daraufhin zum Konsumenten avanciert, schmachtet er in einer Ordnung, in der alles durch die gleichen wiederkehrenden Gesten erworben wird: Geld auf einen Ladentisch legen oder einen Scheck unterzeichnen. Die Art und Weise seines Zugangs zu Waren entfernt ihn nachdrücklich vom vitalistischen Prinzip. »Der Blasierte ist den Unterschieden des Wertempfindens überhaupt abgestorben, er fühlt alle Dinge in einer gleichmäßig matten und grauen Tönung«.[7] Denn der Wert einer Sache gründet vor allem in den realen Anstrengungen, die zu ihrem Erwerb unternommen werden müssen (ein Glas Milch hat nicht denselben Wert, wenn man es im Café bezahlen oder selbst auf die Suche nach einer zu melkenden Kuh gehen müsste), bis zu ebenjenem Moment, an dem man über die Zahlungsmittel zum Erwerb jedes begehrten Objekts ohne besondere Anstrengung verfügt (einen Geldschein oder ein paar Münzen auf einen Ladentisch legen). Die Sache, die erworben wird, wird so aus psychischer Sicht geschmälert. Der Wert wird entsprechend der Entfernung und dem, was es braucht, um diese zu überwinden, gesteigert. »Das so zustande gekommene Objekt, charakterisiert durch den Abstand vom Subjekt, den dessen Begehrung ebenso feststellt wie zu überwinden sucht, heißt uns ein Wert«, schreibt Simmel in *Philosophie des Geldes*.[8] Je weniger man sich anstrengen muss, Zugänge zur Ware zu kreieren –

denn das Geld reicht für jeden Vorgang aus –, umso mehr wird die Art und Weise, seine Zwecke zu erreichen, »gleichgültig«. So »verblassen« ebenso die »Reize« von begehrten Gütern für den Blasierten, wie der Weg, der zu den Konsumgütern führt, nichts Stimulierendes mehr an sich hat.

Der Zyniker bildet ebenfalls eine depressive Gestalt. Im Gegensatz zum Verschwender wertschätzt er die weltlichen Dinge in vollkommen gleicher Weise, als würde ihre mögliche Übersetzung in Geld ihre Besonderheit neutralisieren. »Sein Lebensgefühl ist erst adäquat ausgedrückt, wenn er die Niedrigkeit auch der höchsten Werte, den Illusionismus der Wertunterschiede theoretisch und praktisch erwiesen hat. Dieser Stimmung kann nichts wirksamer entgegen kommen als die Fähigkeit des Geldes, die höchsten wie die niedrigsten Werte gleichmäßig auf eine Wertform zu reduzieren und sie dadurch, um so verschiedene Arten und Maße derselben es sich auch handeln mag, auf dasselbe prinzipielle Niveau zu bringen.«[9] Jede Sache auf ihr monetäres Quantum zu reduzieren geht notwendigerweise mit einem Unvermögen einher, ihren Wert anders als jenem buchhalterischen Modus entsprechend zu begreifen. Für den Zyniker wird jede Form von Wert ausschließlich im Licht des pekuniären Zeichens beurteilt, ohne große politische oder ethische oder, wie wir heutzutage sagen würden, ökologische Erwägungen.

Das kontrastreiche Verhältnis zwischen alles und nichts, das vom Geld begünstigt wird, bringt ein Denken mit der Tendenz hervor, von den Objekten der Welt Abstand zu nehmen, sie nicht mehr zu besetzen, keine Energie mehr in sie zu investieren. Und zwar in einem Maße, dass Simmel während des Ersten Weltkriegs nur noch an einer einzigen Sache Gefallen fand: dass es die Marken zum Erwerb von Brot, die anstelle von Geld verteilt wurden, der Gemeinschaft erlaubten, an den Sinn des fühlbaren Werts der Dinge wieder anzuknüpfen und nicht so sehr an den ihres Äquivalents.

*

Man verliert den Kontakt zu den Dingen, indem man sich zwingt, den Umweg über das Geld zu nehmen, um ihren Wert zu bemessen. Die Kultur des Geldes wirkt wie ein Schleier. Die kapitalistische Kultur, innerhalb derer der Wert durch Finanzvermögen und Luxusgegenstände bei den Reichen und durch Sonderangebote und Preis-Leistungs-Verhältnis bei den durchschnittlichen Konsumenten und Armen beziffert wird, hat zur Ausbildung ganz bestimmter Krankheiten geführt. Die einen hat sie strukturell geizig und zynisch, die anderen blasiert und habgierig gemacht. Die Großinvestoren und Oligarchen tragen tatsächlich alle Züge des Vaters Grandet, der in seiner Apotheke den Berg aus Geld betrachtet, während seine Hausangestellten krank und abgemagert sind. In verschuldeten Staaten und inmitten verarmter Bevölkerungen sieht man sie permanent krumme Geschäfte anleiern, um den Wert ihres Portfolios aus Aktien, Immobilienvermögen und anderen obskuren, offshore notierten Wertpapieren immer weiter zu erhöhen. Stehen sie dem Elend der Welt gleichgültig gegenüber – weil die Buchhaltungskategorien, auf die ihr Bewusstsein geeicht ist, die »externen Kosten« ausblenden –, so ist für sie alles eine Frage der Arithmetik, als würden die Zahlen, weit davon entfernt, Schreie und Leiden abzubilden, nur mehr durch sich selbst zählen und nichts weiter als Teil eines Spiels sein. Gefangen in diesem Spiel und außerstande, sich von einer Ordnung, von der sie nur sporadisch profitiert, eine andere Vorstellung zu machen, und das, zufälligerweise, ohne die Regeln zu beherrschen, bleibt die Mittelklasse in ihren eigenen Grenzen eingeschlossen – ein Zuhause, das einer Zufluchtsstätte gleicht, in der sie die Hoffnung aufrecht erhalten kann, dass eines Tages die Güter, deren Aneignungsformen sie niemals vollständig kontrolliert, ausgiebiger genossen werden können. Ihre stereotypen Verhaltensweisen werden für sie zu einem Mittel, ihre Unterwerfung zu beweisen – eine durchschnittliche, mittlere Verhaltensweise anzunehmen mit Blick auf den Erwerb von unbedeutenden Mitteln. Die Drohung der Blasiertheit steht ständig im Raum. Die Flucht in Vergnügungen und psychoaktive Drogen, die ihr von der Ordnung zuhauf verschrieben werden, zeugt vom Unheil, das ihr ohne Unterlass auflauert.

Die Notleidenden, die Völker Afrikas oder anderswo, die vom Kapital gnadenlos kolonisiert werden, laufen wiederum Gefahr, habgierig zu werden in Anbetracht der Art und Weise, wie sie von der westlichen Kultur des Geldes in den Bann gezogen werden. Dort scheint das Geld wie aus dem Nichts zu kommen und ist stets für entlegene Regionen bestimmt. Es zieht nur vorüber. Auch wenn allgemein bekannt ist, dass es sich dabei um Investitionen von Wert handelt, werden diese doch gemäß Modalitäten, Erwägungen und Wirklichkeiten getätigt, die dem Wirtschaftsleben vor Ort vollkommen fremd sind. Weil die Gelder nicht dem Zusammenhang ihrer Gemeinschaft entstammen, sind sie schlicht dazu bestimmt, veruntreut und unterschlagen zu werden. Weil die westliche Kulturordnung der Welt ihr Spiel mit Geld aufgezwungen und sie so korrumpiert hat, ist es überall das Gleiche.

Die habgierige Wirtschaft

Ein Geldstück, zwischen Daumen und Zeigefinger gehalten, wodurch erfährt es seine Bedeutung? Wenn es mit allen *Gegenständen von Wert*, die es in Relation zu setzen erlaubt, verknüpft wird: ein Brot, ein Fahrschein, eine elektrische Leitung, die Anmietung einer Wohnung, ein Kerzenständer, Kerzen … Doch zudem muss eine stabile Instanz seinen Wert, seine Geltung innerhalb eines bestimmten Radius festlegen, damit es dergestalt zirkulieren kann, wobei es zum Zwecke der Bewertung erst mit dem einen, dann mit dem anderen Gut verknüpft wird. Dieses Geldstück steht also nicht nur mit einer Gesamtheit an Gegenständen von Wert in Verbindung, sondern auch mit einem Gravitationszentrum, das seine Umlaufbahn gewährleistet, ein Punkt, der der Aktivität einer Gemeinschaft, die sich seiner bedient, eine zirkuläre Ordnung verleiht. Diese ideelle Gesamtheit wird »Wirtschaft« genannt.

Doch was, wenn dieses Gravitationszentrum, das das Geld darstellt, auf grausame Weise fehlschlägt? Wenn das Geld wie ein Pfeil durch den Kreis der Gemeinschaft hindurch schießt, von außen kommend, um nur wieder dort anzulangen, ohne gemeinsame, von allen geteilte Beweggründe zu liefern, ohne eine aus der Gemeinschaft sich herausbildende Wirtschaft zu ermöglichen ... Was geschieht dann? Das lässt sich etwa in Westafrika beobachten. Es regiert die Verschwendung. Und die Korruption. Die Währung, die in Westafrika seit 1945 als gesetzliches Zahlungsmittel gilt, ist an sich schon ein krasses Zeichen jener wirtschaftlichen Dezentralisierung, der Quelle aller Funktionsstörungen. Fünfzehn westafrikanische Staaten teilen sich den CFA-Franc (*Afrikanische Finanzgemeinschaft*), eine Währung, deren Akronym vor nicht allzu langer Zeit auf die französischen Kolonien in Afrika (*Colonies françaises d'Afrique*) verwies und die es zur Zeit des Kaiserreichs ermöglichte, die Angelegenheiten Frankreichs auf dem eroberten Kontinent auf einheitlicher Grundlage zu regeln. Lange Zeit wurde der CFA-Franc relativ zum französischen Franc bewertet, bis dieser im Euro aufging. Noch heute besitzen die beiden »Franc-Zonen« Afrikas als legales Zahlungsmittel eine Währung, die in Wirklichkeit einen »Gegenwert« darstellt, der auf einer festen Paritätsbindung zum Euro beruht. Sie wird von keiner Zentralbank Afrikas garantiert ..., jedoch vom französischen Schatzamt, wie die Europäische Union im Rahmen des Maastricht-Vertrags 1992 entschieden hat. In *L'Afrique au secours de l'Afrique* bezeichnet sie der senegalesische Ökonom Sanou Mbaye unumwunden als »koloniales Relikt« und weist darauf hin, dass nur Diktatoren einen Vorteil aus dieser Währung ziehen, da ihre Konvertierbarkeit zuerst in französische Francs, später dann in Euros die Kapitalflucht ins Ausland begünstigt.

Über dieses Problem der Währungsemission hinaus stellt sich das Problem von Investitionen. Es ist nur logisch, dass dieses an anderer Stelle austarierte Kapital aus dem Ausland investiert wird. Afrika ist zwar reich an Rohstoffen, doch solange es keine Infrastruktur besitzt und ausländische Unternehmen seine Güter schlicht und ergreifend plündern lässt, wird es keine starke Wirtschaft aus eigener Kraft ausbilden. Die im Umlauf befindlichen Banknoten beziehen ihren Wert daher weder aus der Produktion von Gütern noch aus deren Tausch innerhalb der betreffenden Gemeinschaft.

Das Finanzkapital taucht indes in magischer Form auf. Das heißt, es ist in keiner Weise mit einem Stand von Arbeit, Produktion und der Bereitstellung von Gütern in einer organisierten Gesellschaft verbunden, sondern vielmehr mit einem Vermögen seitens der Afrikaner, es anzuziehen und es vor allen Dingen umzuleiten. Diese Geldmittel stammen global gesehen aus drei Quellen. Zunächst die Gelder internationaler Geber, die als »Entwicklungshilfe« bezeichnet und allzu oft im ideologischen Sinne eines Aufholprozesses verstanden werden, den Afrika gegenüber dem Westen zu vollziehen habe. Dann die privatwirtschaftlichen Investitionen, das heißt jene von Unternehmen in den Bereichen Agrarwirtschaft, Bergbau, Öl, Pharmazie und anderen, die bestimmte hochrangige Regierungsmitglieder gezielt und einige ihrer Untergebenen willkürlich bestechen. Am Rockzipfel der letzteren hängt ein ganzer Clan aus Familie, Freunden, Bekannten … Schließlich kommt es gelegentlich, im Namen einer sozialen Wirtschaft, zu zufälligem Geldsegen in Form von Hilfsgeldern und »Nicht«-Regierungsorganisationen. Um diese Geldmittel zu sich zu lenken, mangelt es in Afrika bisweilen nicht daran (auch wenn man nicht daran glaubt), den Diskurs der weißen Samariter aufzugreifen, um ihre Gunst zu gewinnen. Vertreterinnen und Vertreter afrikanischer NGOs lernen, sozialdemokratischen Jargon zu benutzen, kommunistische Lieder zu singen, ihre Forderungen mit globalisierungskritischen Formeln anzureichern oder ihr Ansinnen mit hohlen Worten der Governance zu präsentieren, je nachdem, ob es darum geht, die Stiftung einer sozialdemokratischen Partei in Europa für sich zu gewinnen, eine radikale Stiftung der extremen Linken, eine engagierte NGO oder auch ein Gremium der Weltbank. Ausführlich erörtert wird all dies in Johanna Siméants Buch *Contester au Mali*.

Das Problem ist also nicht die Familie oder der Clan, die schädliche Wirkung haben – wer ist man, darüber zu urteilen –, sondern ihre hybride Kopplung mit dem technizistischen Kapitalismus westlicher Prägung. Anstatt eine Organisationsform neben anderen zu bilden, funktioniert sie wie ein parasitäres System, das das einzige Mittel darstellt, den imperialistischen Kräften einen Teil des Reichtums abzupressen, den diese zu plündern sich anschicken.

Eine solche wirtschaftliche Kolonisierung führt zu Entmutigung. Sie kann ausdrücklich gewollt sein, wie in jenem Fall aus dem Nahen Osten, der in dem beeindruckenden Dokumentarfilm von Paul Cowan und Amer Shomali – *Les 18 Fugitives (»18 Kühe zwischen zwei Fronten«,* Anm. der Red.) – geschildert wird, als der israelische Staat für eine palästinensische Gemeinde eine Ausgangssperre verhängte, um dort eine Herde von 18 Kühen abzuschlachten, die ihr eine fragile wirtschaftliche Autonomie gesichert hatte. So wird auf brutale Weise deutlich, dass die imperialistische Wirtschaftsordnung wissentlich zwischen zwei Lagern unterscheidet: jene, die Kohle machen, auf der einen, und jene, die darum betteln, auf der anderen Seite. An den Enden des Spektrums gibt es einmal die sehr Reichen – transnationale Konzerne, ihr ins Ausland entsandtes Personal und lokale Machthaber –, die ihre Privilegien missbrauchen, und andermal die Armen, die oftmals jedwede strategische Möglichkeit verloren haben, sich aus ihrem Zustand zu befreien. In der Mitte treffen sich jene, die die Institutionen (Zoll, Medien, öffentlicher Dienst, Sicherheit) anzapfen und durch kleine listenreiche Alltagsbetrügereien abgreifen, was sie können, und diejenigen, die ihre bescheidene finanzielle Autonomie aufrechtzuerhalten versuchen auf die Gefahr hin, dass ihnen von ihrem Umfeld die mageren Gewinne, die ihre Tätigkeit abwirft, aus der Hand gerissen werden. »Mein Auftrag ist es, die Entwicklung einer autonomen landwirtschaftlichen Genossenschaft zu fördern«, erläutert ein westlicher Praktikant in Togo. Das Projekt ist insofern von Bedeutung, als es auf keine technische Infrastruktur zurückgreift, die von den lokalen Bauern nicht selbst beherrscht werden könnte. »Wir haben Land, Werkzeuge und Startkapital zur Verfügung gestellt … Doch nichts funktioniert. Die meisten Leute, mit denen wir sprechen, bitten uns im Grunde um Geld.« Warum? Weil Autonomie, wenn sie in sehr kleinem Maßstab gelebt wird, im Gegenzug eine Menge äußerlicher Probleme anzieht, die viel schwerer wiegen als die wenngleich so prekäre Abhängigkeit. Mit punktuellen Maßnahmen, die auf diese oder jene kleine Gruppe von Frauen, auf dieses oder jenes Grüppchen von Landwirten, auf diese oder jene Genossenschaft einer Autowerkstatt abzielen, wird man kein Volk von der Kultur der Abhängigkeit, in die es der wirtschaftliche Kolonialismus treibt, befreien, sondern nur, sofern die ganze Gemeinschaft mit einbezogen wird.

Was für die Währung gilt, trifft ebenso auf die politischen und kulturellen Verhältnisse zu. Denn auf diesem Kontinent verhöhnen die vorgeblichen »Republiken« französischer Prägung in Wirklichkeit die *res publica*, die öffentliche Sache: Die geopolitischen Grenzen, die ihn unterteilen, sind ein direktes Erbe der Kolonialzeit. Westafrika bleibt weitgehend von einer imperialistischen Matrix dominiert, selbst wenn die dazugehörigen Staaten offiziell unabhängig sind. Noch bevor sie Gestalt annimmt in Form von Eingriffen durch Armee, Instrumentalisierungen von Rebellengruppen, Einbeziehung von Sicherheitsdiensten, um Wahlen zu fälschen, oder Interventionen von Diplomaten, um ohne Mandat Einfluss zu nehmen (wenn es sich dabei nicht sogar um multinationale Konzerne handelt, die an die Hintertür klopfen, um Minister und Akteure des Staatswesens zu korrumpieren), findet Einmischung in Westafrika immer schon statt. Sie hat strukturellen Charakter. Wie Phantome bewohnen die Kolonialmächte das Territorium dank der Form jener politischen Regime, die darauf Bestand haben.

Die politischen Ordnungen Westafrikas sind Karikaturen der V. Republik Frankreichs, die selbst, im Jahre 1958, als Krönung der monarchischen Phantasmen Charles de Gaulles gelten kann. Die Konzentration der Macht in den Händen eines Einzelnen (was im heutigen Frankreich in Verruf geraten ist) erreicht in Afrika, in den als Demokratien getarnten Diktaturen, ungeahnte Höhen mit dem Segen, wenn nicht gar aktiver Unterstützung von Frankreich und anderen westlichen Mächten. Alle Fehler und Mängel der V. Republik finden sich dort verschärft. Staatsoberhäupter, die sich nicht damit zufrieden geben, ihren Premierminister sowie alle ihre Minister zu ernennen und das Parlament nach Gutdünken auflösen zu können, weisen sich ministerielle Aufgabenfelder zu, etwa jene der Verteidigung oder des Inneren, ein von der Verfassung geschützter Wahnsinn. Welche »Bürger« können in einer solchen Machtstruktur ihren Willen repräsentiert sehen? Es ist dies eine Struktur, die überdies ungeheure Ähnlichkeit mit jener hat, die die Emanzipationsbewegungen durch Erlangung ihrer Unabhängigkeit doch gerade abschaffen wollten. Dass diese Ordnung in den Grenzen von damals bekanntlich meist in Form von Clans, Stämmen, Ethnien oder lokalen Familien organisiert ist, wie die Fälle der Gnassingbé oder der Bongo exemplarisch zeigen, lässt für die Bevölkerung keinesfalls den Schluss zu, sich durch sie gut repräsentiert zu sehen. Der Begriff des *Gemeinwohls*, der *gemeinsamen Sache* ist nichts als rhetorische Fiktion.

Derlei nationale Strukturen werden von außen beeinflusst. Aufträge, Modelle für Institutionen, Finanzströme, bekannte Persönlichkeiten … kommen von Übersee und verfolgen Zwecke, die vor allem auch mit dem zu tun haben, was in Übersee passiert. Die Folgen sind bekannt, und die Organisation Global Financial Integrity bestätigt dies Jahr für Jahr: Dutzende Milliarden Dollar verlassen jährlich den Kontinent über illegale und kriminelle Kanäle (50 Milliarden pro Jahr nach der letzten Schätzung und 1 000 Milliarden innerhalb von 50 Jahren), was die »großzügigen«, von reichen Ländern gewährten Entwicklungs-»Hilfe«-Gelder bei Weitem übersteigt. Damit verfängt zunehmend eine Logik unter den afrikanischen Bevölkerungen: von den durchlaufenden Finanzströmen abzweigen, soviel man kann, das Potpourri aus Institutionen, das der Staat darstellt, zugunsten seines eigenen Netzwerks einsetzen, durch Einschmeicheln mit Geld gesegnet werden, über das eine NGO verfügt, oder durch listiges Agieren an Mittel herankommen, die für die Teilnahme an einem von internationalen Stellen finanzierten lokalen Programm vergeben wurden. Diese Clans sind erfahren, seit langem schon haben sie Formen entwickelt, auf ausländische oder fremde Interventionsmethoden zu reagieren. Obwohl diese Art von Reflex die Gemeinschaft in den endgültigen Ruin treibt, darf die Umleitung ausländischer Gelder nicht platt als Korruption, sondern muss vielmehr als Widerstand aufgefasst werden. Noch schädlicher wäre es, jede List anzuprangern, die jene Gelder in ein lokales Netzwerk kanalisieren wollen, die ausländische Investoren und Geldgeber im Wesentlichen zur kolonialen Ausbeutung zu verwenden beabsichtigen. Der Westen hat die Afrikaner in eine demütigende Position gebracht, vergleichbar jener von Teilnehmern an bestimmten Spielshows im Fernsehen, die, in einer Glaskugel eingeschlossen, versuchen, von einem Ventilator in die Luft gewirbelte Banknoten zu erhaschen.

Fernplünderung

In Wirklichkeit wissen die Menschen im Süden nicht mehr so recht, an welche Instanz sie sich wenden sollen. Sie wissen noch nicht einmal, ob es etwas gibt, das Regierung genannt wird, um irgendeine das Land betreffende Entscheidung zu fällen. In Haiti hat die Präsenz von »Nicht«-Regierungsorganisationen den zweifelhaften Anschein einer politischen Besatzungsmacht. Sie sind überall und entscheiden alles, dies jedoch ganz gezielt in ungeordneter Weise. Hierbei handelt es sich erneut um Herrschaft qua »Governance«; der Ort der Macht lässt sich nicht mehr identifizieren. Seit dem Erdbeben im Jahre 2010 lebt der humanitäre Mikrokosmos vom haitianischen Unheil, und das bisweilen ganz ausgezeichnet. Oftmals, so stellt sich heraus, wird er von privaten Stiftungen finanziert, die wiederum von Unternehmen gegründet wurden, die mit dem stückweisen Wiederaufbau des Landes beauftragt worden sind, wenn sie nicht gar damit rechnen, seine natürliche Ressourcen ausbeuten zu können. Obgleich das Ansinnen palliativen Charakter hat, führt es zu einer völlig verkorksten Situation, in der der Staat dermaßen außen vor gelassen wird, dass sich das Volk keinen Begriff von politischer Institution mehr machen kann. Wie ließe sich denn auch Vertrauen in sie haben, wenn die politische Macht nur in Form von Gewalt ausübenden Kleptokratien oder ausländischen Mächten Gestalt angenommen hat? So startet in Haiti die Ära *Open for Business*. In diesem Zusammenhang stellt die humanitäre Hilfe für ausländische Investoren eine kostengünstige Investition dar, mit der sichergestellt werden soll, dass eines der ärmsten Völker der Welt dieses sie schädigende Ausbeutungsmodell akzeptiert.

Nach dem Erdbeben im Januar 2010 stellte die Interimskommission für den Wiederaufbau Haitis (CIRH) das Land zunächst unter Treuhandschaft und wies dem Staat eine ausschließlich formale Rolle zu. Der ehemalige US-Präsident Bill Clinton hatte den Ko-Vorsitz dieses bunt gemischten Gremiums inne, das aus Unternehmen, NGOs, Fördereinrichtungen, Ländern, die sich schon immer in die Politik Haitis eingemischt haben, und zudem noch aus einigen Vertretern von Gewerkschaften und Behörden vor Ort zusammengesetzt war. Als Handlanger fungierte nach Willen der CIRH der haitianische Präsident, er wurde zum zweiten Ko-Vorsitzenden ernannt. In dem Sammelband *Refonder Haïti?* beschreibt der Wirtschaftswissenschaftler Fritz Deshommes die Kommission als souveräne, eigenständige Körperschaft, »seltsam und bizarr zugleich, die Verträge abschließen kann, mit wem sie will, Land zuweisen, Betriebslizenzen und Investitionsgenehmigungen erteilen oder verweigern, Projekte genehmigen oder ablehnen kann, und zwar ohne darüber Rechenschaft ablegen zu müssen.«

Es gibt in diesem notorisch gebeutelten Land keine Instanz, die aus einer umfassenderen Perspektive über die gemeinsamen Probleme und Ziele Haitis selbst nachzudenken vermag. Alle Verbesserungen sind nur Stückwerk. Hier finanzieren die Stiftungen eine Klinik, dort die Asphaltierung von drei Metern Straße, oder, noch besser, eine behelfsmäßige Bibliothek – alles Hilfen, die den Unternehmen oder NGOs, die solche Dienstleistungen natürlich selbst erbringen, gebührend zugeschrieben werden. Die knalligen Plakate zeugen davon. Im Ganzen betrachtet bleibt die Analphabetenrate unverändert, die Straßen in den Städten sind nach wie vor in katastrophalem Zustand und die sanitären Probleme sind dieselben wie eh und je. Zudem scheint der Staat oder jede andere Institution des Gemeinwesens nahezu verschwunden zu sein. Wie auch immer, unter dem Governance-Regime zählen einzig Partnerschaften zwischen unterschiedlichen und ungleichen Mitgliedern der »Zivilgesellschaft«, dem privaten Sektor und einem auf die schlichte Rolle des gleichrangigen Partners reduzierten Staats. Und ein solches Durcheinander dient weithin als Maßstab. Eine Organisation renoviert ein Kulturzentrum, in dem es weder Bücher noch Personal gibt, eine zweite entsendet einen unbrauchbaren Krankenwagen nach Port-au-Prince, während eine dritte Betten für ein Krankenhaus liefert, das sie nicht aufstellen kann. Die Geldgeber stellen Projekte auf die Beine, mithilfe derer kleine Kinder von der Straße geholt werden sollen, bevor sie mit zwölf Jahren wieder dort landen mangels eines Programms, das an ersteres anschließt. Der Professor für Kommunikationswissenschaft Luné Roc Pierre Louis sagt, dass alles »von Fall zu Fall« geschieht: Es gibt keine umfassende Axiologie, die irgendeiner sozialen Handlung Struktur verleihen würde.

Doch da die Überlebenden auf den Hochglanzflyern der NGOs auch weiterhin lächeln, begleichen die Verwalter des Elends beruhigt die Rechnungen ihrer Vermessenheit. Der amerikanischen Dollar transzendiert das Konzert der Sprachen, die von den in die Vororte Pétionvilles zurückgezogenen Entwicklungshelfern gesprochen werden. Port-au-Prince sehen sie durch die Brille begrenzten Wissens und durch die getönten Scheiben schöner Autos. Ihre Logos thronen über den Vierteln wie undurchschaubare Zeichen. Schreiberlinge und Aufpeitscher verschaffen ihnen den nötigen Grund, indem sie immer und immer wieder die Geschichte vom verfluchten Volk kolportieren. Haiti sei aufgrund irgendeiner göttlichen Instanz zur Abhängigkeit verdammt. So können die Samariter des Großkapitals ruhig schlafen.

Für sie stellt Haiti eine humanitäre Blase von etwa zehn Milliarden Dollar dar. Was fangen sie damit an? In einem Land, das Laissez-faire, Korruption und Machtmissbrauch gewohnt ist, stellt sich nicht einmal mehr die Frage. Drei Mal vorbeigeschaut, dann bezahlen sie sich selbst und verschwinden wieder. Von wenigen Ausnahmen abgesehen. Diese neue Form von Kolonialherrschaft wird in dem Essay *Haiti's New Dictatorship* von Justin Podur und in dem Band *Paved With Good Intentions* von Nikolas Barry-Shaw und Dru Oja Jay dokumentiert. Ebenso erklärt Raoul Peck in seinem Dokumentarfilm *Assistance mortelle*, dass es schwierig war, Sponsoren für die Aufräumarbeiten nach dem Erdbeben 2010 zu finden, weil dieser Teil der Arbeit nicht besonders werbewirksam daherkommt. Es ist so viel fotogener und rentabler, eine kleine Behelfsschule voller glücklicher Kinder zu bauen.

Nach der hilfsbereiten Seite machen die Haitianer nun Bekanntschaft mit der pragmatischen Seite der »Governance«: dem Bergbaugeschäft, das die NGO-Plakate zu verdecken suchen. Die diskursive, technische und monetäre Kultur des Westens agiert aus der Distanz, was sie jedweder Verantwortung enthebt. Die Zeiten sind vorbei, als rücksichtslose und verzweifelte Goldgräber ihrem Wahnsinn frönten und über die Leichen ihrer Mitmenschen gingen, um im feindlichen Winter am Klondike-Fluss ein jämmerliches Basislager zu errichten. Damals hofften sie, dem Boden ein paar Goldklumpen abzuringen, die ihr Leben, das nicht viel mehr wert war, verändern würde. Heute verkriechen sich die Goldabenteurer, die zu aus der Ferne agierenden Investoren mutiert sind, hinter den Bildschirmen ihres geräuschgedämpften Büros und setzen andere dem Schlimmsten aus, indem sie Leben und Ökosysteme, zu denen sie in keiner Beziehung stehen, in Gefahr bringen. Nicht mehr sie selbst gehen auf Eroberung, sondern ihre Lobbyisten, Anwälte, Ingenieure, Buchhalter, Presseleute, Mittelsmänner und Milizen vor Ort. Ihr Dynamit, ihre Bohrer, ihre Lastwagen, ihre Krater, ihr Zyanid und ihre Schlackenhalden. Diese motorisierte Allmacht kündigt sich unter dem Getöse eines Grauen erregenden Gerüchts an. Ein kolossaler wirtschaftlicher Frankenstein schickt sich an, Wasser abzupumpen, das vor Ort bereits Gold wert ist. Und das, indem er das Wort »ENTWICKLUNG« auf die stereotypen Visagen heftet, die die Plakate der NGO am Rande seines Abbaugebiets zieren, eine NGO, die von seiner Stiftung finanziert wird. Später einmal werden wir uns an das sardonische Lachen dieser Verkäufer von Träumen erinnern, wenn unsere Lungen in den die Sicht versperrenden Wolken aus Staub und giftigen Partikeln kollabieren. Jene Propaganda wird an die Stelle der alten Landschaft einer verlorenen Lebendigkeit treten.

Diese geschäftliche Seite Haitis nennt sich »Zusammenarbeit«, nennt sich »Solidarität«, nennt sich »Freundschaft« – Verachtung verwandelt sich in ein Lächeln. Man muss sich nur die Gespreiztheit anschauen, mit der der Herr Botschafter Hände schüttelt. Es lässt sich nur staunen über die Einschüchterungen seitens der Bergbaulobby, die den haitianischen Abgeordneten die unfehlbaren Kategorien ihrer mechanistischen Wissenschaft aufzwingen. Man braucht nur die Aussichten zu betrachten, die auf dem Hochglanzpapier der Werbung des Unternehmens Majescor angepriesen werden. Man muss nur die heimtückische Falle palliativer Hilfsprojekte zuschnappen sehen.

Wir sind weit entfernt vom Roman *Gouverneurs de la rosée* des haitianischen Schriftstellers Jacques Roumain, in dem der Held dem »Aberglauben« den Kampf ansagt, um sein Volk zu ermutigen, Wasserquellen zu erschließen und zu teilen. Heute brechen »Unternehmer des Taus«, die kanadischen Investoren, herein, stets in Kontakt mit den *Loa* der Finanzwirtschaft, ihren frenetischen Göttern. Nichts steht ihnen im Weg: Der Geist des unendlich vervielfachten Gewinns macht sie verrückt. Alles werden sie für Gold zerstören, das in den Tresoren der Zentralbanken landet, der letzte Fetisch, der den Wert von Aktien und gedruckten Geldscheinen, in die sie selbst nur wenig Vertrauen setzen, garantiert. Jeder mögliche Preisanstieg ihrer Wertpapiere wird die beteiligten Aktionäre darin bestärken, zum schlimmsten Verhalten zu ermutigen. Wie soll man da noch mitkommen.

Der Goldabbau benötigt gigantische Wassermengen – mehrere Tausend Liter pro Minute! Insbesondere in den Bergwerken mit großem Abraum und geringer Ausbeute, in denen für die Gewinnung von nur wenigen Gramm Erz unfassbare Mengen an Abfall produziert werden. Die kanadische Firma Albert Mining (ehemals Majescor) macht keinen Hehl aus ihrem Spiel. Die Unternehmer des Taus werden Wasserquellen skrupellos ausbeuten. Dieses Unternehmen, das dem Somine-Konsortium angehört, hat offiziell Anspruch auf ein 50 Quadratkilometer großes Gelände etwa 30 Kilometer südöstlich von Cap-Haïtien. »Der Fluss Flaiche [sic], der das Grundstück von Süden nach Nordwesten durchquert, ist die einzige Quelle, die das ganze Jahr über Wasser liefert. Zusätzliche Brunnen sind erforderlich, um eine zuverlässige ganzjährige Versorgung zu sichern«, schreibt es offiziell. Der Fluss namens Fraîche, um den es hier geht, fließt durch die Region Trou-du-Nord. Es steht zu befürchten, dass sie bedroht sein könnte. Schon jetzt sind, einer Untersuchung amerikanischer Hydrologen zufolge, einige Flussläufe der Region durch Industrieanlagen kontaminiert.

Es geht hier um 20 Milliarden Dollar Gewinn … für das Privatunternehmen. Für die haitianische Bevölkerung birgt ein solches Bergbauprojekt eher die Gefahr, dass es sich in eine gesetzlich garantierte Plünderung verwandelt. Sollte das Szenario wie gewohnt ablaufen, wird die Eröffnung der Mine zu einer demographischen Destabilisierung führen, da sie bei den Mitgliedern der angrenzenden Gemeinden die Hoffnung auf einen Arbeitsplatz wecken wird, woraufhin die Landwirte ihre Tätigkeit aufgeben werden, was wiederum zu Spannungen vor Ort führen wird; die Kliniken werden für Notfälle nicht mehr ausreichen, die Prostitution wird der einzige neue Wachstumsmarkt sein (von Vergewaltigungen ganz zu schweigen); es werden Probleme mit der öffentlichen Gesundheit folgen, nur um am Ende festzustellen, dass die guten Jobs für Mitarbeiter aus dem Ausland vorbehalten und nur wenige niedere Arbeiten für lokale Angestellte, die natürlich unterbezahlt sind, reserviert sind. Schließlich werden die Kosten für Bestechung von Potentaten vor Ort erheblich höher ausfallen als die Gebühren oder Steuern, die an die Mehrheit der Bevölkerung zurückfließen.

In wirtschaftlicher Hinsicht wird selten berücksichtigt, was es einen Staat kostet, ein Gebiet so zu erschließen, dass eine energieintensive Industrie wie der Bergbau dort tätig werden kann. Der Bau der Straßen, die Bereitstellung von Energie und Wasser, der Betrieb und die Aufrechterhaltung eines Rechtssystems, der Unterhalt von Polizei und öffentlicher Verwaltung, die den Zugang zu Eigentum und Privatbesitz gewährleisten, all dies erfordert den Einsatz von Mitteln, die, einmal für solche Zwecke ausgegeben, für die Schaffung von Institutionen, die dem Gemeinwohl dienen, nicht mehr zur Verfügung stehen. Die technischen Maßnahmen, die der Tagebau in der Region von Cap-Haïtien mit sich bringt, könnten sehr wohl so durchgeführt werden, dass sie den Zugang zu Wasser für ein ganzes Volk begünstigen. Doch für die Stimmen des Finanzwesens sind die Prioritäten ganz andere.

Der Fall eines Tagebaus in der nahe gelegenen Dominikanischen Republik, im östlichen Teil der Insel Santo Domingo, stimmt nachdenklich. Dort, auf dem Gebiet des Pueblo Viejo, findet sich gleichsam die Vorhut der begehrten Lagerstätte in Haiti. Geschäftlich tätig sind hier die kanadischen Firmen Barrick Gold und Goldcorp. Die Bevölkerung wirft ihnen seit Beginn der Abbauarbeiten im Jahre 2012 vor, 2 500 Kubikmeter Wasser pro Stunde zu verunreinigen in einer Region, in der 20% der Einwohner nur schwer Zugang zu Trinkwasser haben. Die Bergbautätigkeit umfasst den Einsatz von Zyanid für die Behandlung von 24 000 Tonnen abgebauten Materials pro Tag. Die Bevölkerung befürchtet, dass die Unternehmen Zyanid-Abfälle in die größte Wasserreserve der Dominikanischen Republik verklappen werden, was in der dunklen Geschichte der Bergbauindustrie nicht zum ersten Mal vorkommen würde. Die Polizei des Staates schützt Barricks Konzession und zögert nicht, gegen Demonstranten, die nicht mehr wissen, mit welchen Mitteln sie diesen Prozess stoppen können, gewaltsam vorgehen.

Die öffentlichen Kassen profitieren nur marginal von diesem Projekt mit einem Gesamtwert von 40 Milliarden Dollar. Die Konzessionen in Höhe von 17,5 Prozent mögen beträchtlich erscheinen, doch der Staat erhält den Großteil seiner Forderungen erst, nachdem die Aktionäre ausbezahlt worden sind. Zudem ist dieser Prozentsatz abhängig vom Goldpreis, dessen Kurs nicht unter 1 400 Dollar die Unze fallen darf. Außerdem werden die Kosten für ein Programm zur Wasserentgiftung, zu dem sich Barrick nach dem Erwerb der für die Verunreinigung verantwortlichen Firma Placer Dome in der Dominikanischen Republik verpflichtet hat, von den Lizenzgebühren abgezogen. »Barrick erhält seine gesamten Investitionen zurück«, schreibt Hugo Fontaine von *La Presse*, und fügt hinzu, dass das Unternehmen auch »von einer ganzen Reihe an Steuern, insbesondere Gemeindesteuern, befreit ist.« Was wird von diesen Offenbarungen bleiben, wenn nicht ihre – verhängnisvollen – Auswirkungen?

Selbstverständlich versprechen die Marktschreier in Sachen Gold heute, dass der Abbau in Haiti sauber sein wird. Aber wann ist es schon einmal vorgekommen, dass sich imperiale Mächte offen vor ausgebeuteten Völkern damit brüsten, sie seien im Begriff, ihr Ökosystem zugrunde zu richten? Eigentlich ist Albert, ein Unternehmen, das hauptsächlich mit Erschließung befasst ist, der Pilotfisch, der Vorarbeiten um die Lagerstätte herum durchführt, damit sie später von multinationalen Unternehmen mit technischen Mitteln ausgebeutet werden kann. »Sobald die Bohrungen von Majescor [Albert] abgeschlossen sind, beabsichtigt das Unternehmen, große Partner wie Barrick Gold oder Newmont zu finden, die den Teil des Projekts übernehmen, der mit dem eigentlichen Abbau zu tun hat.« Der Fall in der benachbarten Dominikanischen Republik verheißt also nichts Gutes für Haiti.

Noch dazu entsteht das Bergbauprojekt in Haiti unweit der Caracol-Freihandelszone. Die Entwicklung dieser Zone hat bereits ihren Anteil am Unglück in dieser Region, da sie die Bauern um das beste Ackerland gebracht hat, das es dort gab. Hunderte von enteigneten Familien tragen die Hauptlast dieses Vorgangs. Nehmen wir noch die Arbeiter hinzu: Der ortsansässige Journalist Jean Jores Pierre hob 2013 auf Papda.org hervor, »dass ein Teil der Arbeiter am Ende eines Arbeitstages nicht mehr als 57 Gourde (1,36 US-Dollar) von den 200 Gourde (4,75 US-Dollar) des Tagessatzes erhält«. Manche vergleichen die Textilfabriken, die sich dort angesiedelt haben, mit den miserablen Sweat-Shops in Asien.

Die zwei Enden des Finanzwesens berühren sich hier. Die Verbindung beider Projekte, Bergbau und Freihandelszone, wird sicherlich die Schaffung eines Tiefwasserhafens in der Region rechtfertigen, was dann ein marines Ökosystem in Gefahr bringen wird. Hilft man der Entwicklung einer Region, indem man sie zerstört? Es scheint so zu sein, solange das Bild, aus imaginärer Perspektive betrachtet, unbeschadet bleibt. Es ist die Rede von einem »haitianischen Eldorado«, das die Menschen auch weiterhin zum Träumen und nicht zum Denken animieren soll. Das Marketing nimmt sich des kontraproduktiven

Charakters einer solchen Plünderung an und lenkt die Aufmerksamkeit von der zweckwidrigen Verwendung des Wassers durch die Industrie weg. Die Millionen von Dollar, die der große Bergbaukonzern zu investieren plant, vernebeln das Denken so sehr, dass das landwirtschaftliche Potenzial der Region vollkommen in den Hintergrund tritt. Bilder, Bilder, Bilder. Wie lässt sich, wenn man Hunger leidet, der Fata Morgana einer »Schaffung von Arbeitsplätzen« widerstehen? Selbst wenn diese der Auftakt zur Zerstörung des Territoriums ist und in den meisten Fällen nur westliche Angestellte, die sich in ihre großen Hotels zurückziehen, davon profitieren?

Die heutigen Gouverneure des Taus, würden sie der Versuchung zur Untätigkeit, den Trugbildern der Einschüchterung oder den Einladungen zur Korruption widerstehen, könnten mithilfe eines Begriffs die Argumente erfahrener Lobbyisten kalt stellen: das Vorsorgeprinzip. Es gibt keine Rechtfertigung dafür, dass ein gewählter Repräsentant sein Volk den besagten Gefahren aussetzt, zumal der erwartete Nutzen für das Volk erbärmlich bleibt. Es gibt keine Rechtfertigung dafür, Institutionen des Gemeinwesens einzig und allein privaten Interessen zu unterstellen.

In diesem Sinn ist der Text einer Resolution des haitianischen Senats vom 20. Februar 2013 von beispielhafter Bedeutung:

In Anbetracht des Genozids, der mit der Plünderung unserer Bodenschätze im 15. Jahrhundert erfolgte;
In Anbetracht der nachhaltigen Zerstörung unseres kulturellen Erbes während der Zeit der amerikanischen Besatzung;
In Anbetracht des gegenwärtigen Unvermögens des Landes, in aller Ruhe über seine Bodenschätze zu verhandeln, im Kontext von politischer Instabilität und Schwächung des Staates, die durch die militärische Besetzung von Landesterritorium durch Kräfte multinationaler Konzerne verstärkt wird;
In Anbetracht der – in Nichtschwerpunktgebieten – Verschwendung von Ressourcen, die bereits nach dem Erdbeben vom 12. Januar 2010 mangels nationaler Einigkeit angesichts der Herausforderungen des Wiederaufbaus einsetzte;

In Anbetracht der Unklarheit sowie der Bewertung und realen Schätzung der bereits identifizierten Rohstoffe hinsichtlich ihres Bruttowerts an Mineralien;
[…]
Angesichts der ernstzunehmenden ökologischen Gefahren, die mit dieser Art von Aktivität verbunden sind, und des schon jetzt alarmierenden Grades an Umweltverschmutzung.
[…]
Daher nimmt der Senat der Republik die vorliegende Resolution an und fordert die Exekutive ausdrücklich und formell auf, Artikel 1 anzuwenden: Sofortige Aussetzung des Vollzugs der bereits von der Firma Somine S. A. unterzeichneten Abbaugenehmigung […].

Leider ist dieser Text rechtlich nicht bindend; auch bleiben die Gründe derer, die mutig für diesen Beschluss gestimmt haben, teilweise im Dunkeln. Nichtsdestotrotz zeugt er von der Charakterstärke, zu der ein Volk und seine Institutionen, deren Auftrag die Umsetzung seines Willens ist, imstande sind. Nicht das Land zu verschachern, damit die Anhänger abstrakter Finanzwerte es aussaugen können, sondern die Engel des Todes, mit deren Macht jene widerwärtigen Firmenschergen über sie herfallen, in den Bann zu schlagen. Für die Haitianer, die noch menschliche Regungen in sich verspüren und ein positives Verhältnis zu den äußerst seltenen Gaben eines kargen Landes pflegen, ist Widerstand gegen den unkontrollierten Einfall jener neuen Gläubigen absolut geboten.

Porträt des Siedlers

Eine solche Kolonisierung des Geistes betrifft nicht nur die Menschen im Süden. Die Leute im Westen wurden auf Bewusstseinsebene dermaßen von räuberischen Taktiken des Großkapitals zugerichtet, dass sie diese oftmals als ihre einzige Kultur geerbt haben. Beispielhaft, um nicht zu sagen Avantgarde in dieser Hinsicht sind die Kanadier. Weder

Bürger einer Republik noch Sklaven einer Kolonie, geschweige denn Schöpfer irgendeiner eigenständigen Ordnung, befinden sie sich inmitten, sind sie Teil jener Ausbeutung, die sie weder zu Opfern noch zu Schuldigen macht und auch kaum zur Verantwortung zieht. Die materiellen Bedingungen ihrer Existenz verurteilen sie de facto zur Mittelmäßigkeit, zu einer Art Durchschnittsdenken, sodass politisch gesehen nicht viel von ihnen zu erwarten ist. Aus demographischer Perspektive vermittelt ihr Land den Eindruck eines in die Waagerechte gekippten Chile. Im Wesentlichen stellen die Kanadier eine Gruppe von Leuten dar, die sich entlang der Grenze zu den USA verteilt; ihre Ansiedlung erklärt der Historiker Denys Delâge mit der Ankunft jener, die Europa »in der Hoffnung auf eine neue Welt und ausreichend Nahrung« verlassen haben. Sie sind Siedler. Es handelt sich mehr um eine Besiedlung denn ein Volk, mehr um eine Landschaft denn ein Land. Nicht so sehr die Karte verschafft dem Territorium eine Einheit, sondern es ist eher das Territorium, das der Karte Sinn verleiht. Man hat eher das Gefühl in einem Zustand als in einem Staat zu sein. Immer ist es eine Gegend, ein Stück Land, das wir unbedingt Nation nennen müssen. Ihre Geschichte bildet kaum ein größeres Ganzes als die Summe seiner Geschichten. Die Siedler verlieren sich darin. Da sie psychisch allzu sehr von Erinnerungen an Europa gehemmt sind, um sich von seiner Organizität fesseln zu lassen, gelingt es ihnen bis heute nicht, sich anders einzurichten als durch Raub von Land, das sie bis zum Exzess ausbeuten, und durch Unterdrückung des Anderen. Wenn sie ein Verhältnis zum Klima entwickelt haben, dann um es zu domestizieren. Im Winter strengen sie sich doppelt an, um den Schnee zum Verschwinden zu bringen, als wäre er eine Beleidigung für die Automobilkultur, und überheizen ihre Wohnungen, um ständig ein Leben wie in warmen Ländern zu führen. Ihr sportlicher Furor zeugt mehr von einem Gefühl, den Winter besiegt zu haben, als von einer gesunden Beziehung zu ihm. Im Sommer werden die Seen heruntergewirtschaftet. Ein Blick auf den Fluss wird zum Pauschalpreis gemietet, damit er gelobt werden kann. Außerdem unterbricht die Achse Ost-West, deren Ordnung das Land bestimmt, auf künstliche Weise die viel natürlicheren kontinentalen Nord-Süd-Gefälle. Überall müssen die fade gewordenen Zeichen des westlichen Europas ausgemacht werden statt jene des großen indianischen Textes, den Völker durch ihre lebendige Oralität verfasst hatten, die das Land, indem sie sich von ihm tragen ließen, in alle Himmelsrichtungen erkundet hatten. Von dieser Vergangenheit der Irokesen oder Huronen ist nichts weiter übrig als das Vergessen, das durch kleine Figuren, die an Touristen verkauft werden, weitergegeben wird. Der Kanadier weiß nicht, wie er mit solch einem Ethnozid umgehen soll, und genauso wenig, was seine historische Präsenz an diesem Ort zu bedeuten hat.

In Kanada, ebenso wie in Quebec, muss Demokratie nicht bewahrt, sondern vielmehr überhaupt erst hergestellt werden. Da hier ein Staat beerbt wird, der niemals eine Republik gewesen ist, hat das soziale und politische Gefüge Mühe, sich einen Namen zu geben. Als politisches Subjekt sieht sich der Siedler in ein Netz von europäischen Bezügen verstrickt, das er im schiefen Kontext institutionalisierter Plünderung von fremden Rohstoffen wieder ausgebreitet hat. Seine semantische Ordnung mag zwar triumphieren, doch ist er viel zu weit von der Metropole entfernt, um in diesem Boden ihre Verkörperung zu finden. Indiz hierfür ist, dass der stolze *Kanadier* den Namen früherer Siedler trägt, die er erobert hat, während dieses eroberte Volk immerzu seinen Platz finden muss innerhalb des Volksgruppendurcheinanders aus quebecer Kanadiern, frankokanadischen Franzosen, französischen, französischsprachigen, quebecer und kanadischen Nordamerikanern oder französischen Quebecern frankokanadischer Sprache … Oder nichts dergleichen, um sich nur noch »Individuum« zu nennen. Es kommt vor, dass letzteres danach strebt, sich vom Joch zu befreien, unter dem sein Eroberer es gefangen hält, indem es seine Geschicke mit seiner Volksgruppe verknüpft. Dieses Durcheinander liefert Kabarettisten ausreichend Stoff für ihre Programme. Die Ausdrücke »verantwortliche Regierung« oder »Verfassung« werden die Kolonie nur schwerlich mit Bedeutung aufladen. Gab es eine Zeit für die Eroberten, da das Projekt ihres Aufstiegs mit dem Klassenkampf verbunden werden konnte, indem von einer bedeutungsschwangeren »Emanzipation«

Quebecs die Rede war, so hat ihre Geschichte allenfalls eine durch ihre Merkmale schwer belastete Mittelschicht hervorgebracht, die von Charles Wright Mills in aller Deutlichkeit beschrieben wird: »Etwa vorhandene gemeinsame Interessen bewirkten kein geschlossenes Vorgehen, und die Zukunft der Angestellten, ganz gleich wie sie aussehen mag, wird jedenfalls nicht ihr eigenes Werk sein. [...] Als Gruppe innerlich gespalten und zersplittert und nach außen hin von stärkeren Mächten abhängig, würden sie selbst dann keine Bewegung zustand bringen, wenn sie wirklich einmal den Willen zur Tat fänden. Unorganisiert wie sie sind, würde ihnen höchstens ein Wirrwarr zusammenhangloser Einzelkämpfe gelingen.«[10]

So schwer es für Kanada zu sein scheint, sich zum Subjekt der Geschichte aufzuschwingen, so ohnmächtig scheint es angesichts jener Kräfte, die seine Einwohner unterwerfen. Denys Desjardins' *Au pays des colons* zeigt in seiner ganzen Verwundbarkeit und Würde einen der letzten Pioniere der kontinentalen Besiedlung und dessen Verzweiflung. Hauris Lalancette, Bewohner der Region Abitibi im Westen der kanadischen Provinz Quebec, erscheint zugleich wie der Pionier, der von den Träumen eines zu gründenden Königreichs getrieben wird – »der Ausdruck ›Siedler‹ ist schön« –, und das vereinsamte Wesen in kolonialer, siedlerischer Verwahrlosung.

Der Siedler ist die vernachlässigte Gestalt kolonialer Erzählungen, dessen Bild Albert Memmi nicht gezeichnet hat. Gefangen zwischen Kolonisierendem, der gemäß seinen Interessen das koloniale Projekt vorantreibt, und Kolonisiertem, der durch Plünderung, ja Auslöschung, die ersterer ins Werk setzt, zermalmt wird – im Falle Kanadas, auf der einen Seite, die finanzielle, industrielle und politische Elite, auf der anderen Seite die zerrüttete indigene Bevölkerung –, scheint der Siedler reines Agens, bloßer Ausführender des Ausbeutungsprojekt zu sein. Vor allem ist er kein Anteilseigner der Eisenbahngesellschaften, kein Pelzhändler, kein Beamter der Bergbauunternehmen und auch kein Großgrundbesitzer, sondern höchstens Angestellter dieser Unternehmer, wenn er nicht sogar als Proletarier gelten muss, sofern er, als Siedler, einer diskriminierten Untergruppe angehört. So gesehen sind nicht so sehr, zum großen Erstaunen von Albert Memmi, die Frankokanadier die Kolonisierten Kanadas gewesen, ungeachtet dessen, was so oft behauptet wurde, sondern seine Proletarier als am meisten benachteiligte Gruppe innerhalb der Kategorie der Siedler.

Dem Ansatz Memmis zufolge lässt sich die Dialektik von Kolonisierendem und Kolonisiertem eher denken als Verhältnis zwischen einem Architekten der Ausbeutung von Rohstoffen Anderer und jenem Anderen, den er neutralisiert und dessen Anrecht auf Würde er bestreitet. »[Der Kolonisator] muss den Kolonisierten mit all seinen Kräften leugnen, aber zugleich ist die Existenz seines Opfers für ihn unabdingbar, wenn er weiterbestehen will. […] Seit ihm das Unrecht in der Beziehung zu Bewusstsein gekommen ist, die ihn an den Kolonisierten bindet, muss er ununterbrochen bestrebt sein, sich davon freizusprechen.«[11] Um auch weiterhin die Oberhand zu behalten, wird der Kolonisierende darauf verfallen, den Kolonisierten in einem unwürdigen Zustand zu halten, in einem Zustand von Ausgrenzung, wovon die Reservate sowie der mit ihrem Bildnis verzierte und jedem dahergelaufenen Touristen geschenkte Nippes in unerträglicher Weise zeugen. Wie ein Gesprächspartner von Alexis de Tocqueville über die »Indianer« sagte: »Sie sind eine Rasse, mit der es zu Ende geht; sie sind für die Zivilisation nicht geschaffen, sie tötet sie.«[12]

Wie viele andere Denker der Dekolonisierung auch hat Memmi Schwierigkeiten, die »Frankokanadier« eindeutig der Kategorie der Kolonisierten zuzuweisen, da er ihren Status im Hinblick auf einen Lebensstandard bestimmt, der höher als der der meisten unter diese Bezeichnung fallenden Völker ist. Dennoch wird allgemein dafür gehalten, dass das historische frankokanadische Subjekt der »Herrschaft« seines Englisch sprechenden Gegenübers unterworfen »scheint«. Auf die Gefahr hin, beflissene Gesprächspartner wie Hubert Aquin oder André d'Allemagne, die um seine politische Unterstützung buhlten, zu verärgern, hätte Memmi gleichwohl, wenn er sich nur ein klares Bild von ihm gemacht hätte, an den Status des Siedlers erinnern können, um die Gruppe der Quebecer in ihrer Zusammensetzung zu beschreiben. Das hätte dazu beigetragen, die Quebecer als Agens der Kolonie, das sie nun einmal sind, zu erkennen, sofern ihre Vorfahren daran glaubten, dass es von Interesse sei, nach Übersee auszuwandern aufgrund der reichlichen materiellen Vorteile, die sie daraus zu ziehen hofften. Der Siedler würde demnach als Ausführender eines kolonialen Projekts erscheinen, dessen genaue Ausmaße er oftmals verkannte, und ließe sich also mit dessen Entscheidern nicht in einen Topf werfen. Dass Memmi seinen Gedankengang nicht bis zu diesem Punkt vorantreibt, hat nicht zuletzt damit zu tun, dass seine Auffassung des Siedlers mehr von der Psychologie herrührt als von der politischen Ökonomie. Für ihn ist der Siedler eine Gestalt des Mittelmäßigen.

> *Nun, bei näherem Zusehen entdeckt man hinter dem Gepräge oder dem einfältigen Stolz des kleinen Kolonisators lediglich Personen von geringem Format. Politiker mit dem Auftrag, die Geschichte zu gestalten, beinahe ohne alle historischen Kenntnisse, stets von Ereignissen überrascht und weder willens noch in der Lage, in langfristigen Perspektiven zu denken. Spezialisten, die für die technische Entwicklung eines Landes verantwortlich sind, entpuppen sich als Techniker außer Konkurrenz, vor der sie nach Kräften geschont werden. Was die Verwaltungsbeamten angeht, so hätte die Schlampigkeit und Armseligkeit der Kolonialverwaltung ein eigenes Kapitel verdient. […] Wir haben bereits die Abwanderung der Besten erwähnt: die doppelte Abwanderung seitens der in der Kolonie Geborenen wie die der später Zugewanderten. Dieses Phänomen hat verhängnisvolle Konsequenzen: Gerade die Mittelmäßigen bleiben zurück, und zwar für den Rest ihres Lebens.*[13]

In dieser typisierten Beschreibung sticht vor allem die Unkultiviertheit der Franzosen hervor, die Memmi als kleinlich, schäbig kennengelernt hat, die die Vorteile der Besatzungsverwaltung in den Kolonien genießen, um dort die Beherrschten mitleidslos zu verachten, statt ein unscheinbares Leben in der Metropole zu führen. Doch selbst mit viel gutem Willen entspricht diese Beschreibung nicht dem historischen Bild der Frankokanadier, auch wenn viele von ihnen die indigene Bevölkerung offen verachtet haben mögen. Memmis Auffassung vom Siedler ist zu spezifisch. Eine weit gefasste Konzeption würde uns dazu führen, ihn eher allgemein als eben jenes Agens der Kolonie zu betrachten, das von seiner Zusammenarbeit mit den Landesherren profitierte, die mal in Form individuellen, wenngleich gemeinschaftlich gebundenen Wohlstands Ausdruck erhielt und mal, sofern er sich je nach Lage korrumpierte, in Form bloßen Überlebens. Der Siedler unterscheidet sich von den Kolonisierten darin, dass diese aufgrund offen rassistischer Kriterien der Kategorie »Zivilisation« radikal ins Abseits gestellt wurden.

Diese rassistische Trennung zum Vorteil europäischer Nachkommen auf dem amerikanischen Kontinent erklärt, warum sich die Französisch sprechenden Leute historisch von den indigenen Gruppen unterscheiden, trotz bisweilen vergleichbarer Zeiten des Elends, indem sie zum Beispiel einen bunten Strauß an Unternehmen unter der Marke »Québec Inc.« schufen – eine Zeit der Eroberungen, ja des Imperialismus –, wozu die First Nations weder die Macht hatten noch die Absicht, es ihnen gleichzutun.

Was seinen politischen Status anbelangt, so bleibt der Siedler gleichwohl das erratische Element. Er schlüpft in die Rolle des sportlichen Helden, weil er von sich selbst keine andere Vorstellung haben kann, als dass er sich allein im Kampf befindet – »wir träumen davon, Helden und keinen Staat zu erschaffen; wir streben danach, kollektive Kämpfe individuell zu gewinnen«, schreibt Hubert Aquin in seinem berühmten Essay »La fatigue culturelle du Canada français«, der 1962 in der Zeitschrift *Liberté* veröffentlicht wurde. Arm und unterdrückt, gleicht er einem Proletarier, der auf eine Verbesserung seiner materiellen Verhältnisse wartet; wohlhabend und berufstätig, zählt er höchstens zur unbestimmten Kategorie der »Mittelschicht«. Doch in beiden Fällen bleibt er vor allem die vom Siedlungsprojekt abhängige Hilfskraft und entwickelt sich innerhalb eines Verwaltungsgebiets, dessen institutionelle Verfassung dem, was ihm selbst vorschwebte, in keiner Weise korrespondiert. Die Lebensform des Konsumenten, des Verbrauchers entspricht ihm am meisten. Sind ihm Fragen institutioneller Legitimität gleichgültig, so erwartet er von seinem Gouverneur einzig die Anerkennung seiner durch ein quadratisches Stück Land abgesteckten Freiheit. Das politische Vertretungsprinzip, demzufolge die öffentliche Institution den Willen des Volkes widerspiegelt, ist ihm dermaßen fremd, dass selbst Akademiker aus ihren Reihen über die Geschichte des Kolonisten voller Selbstgefälligkeit Sätze wie die folgenden verfassen:

> *Im Kanada des 19. Jahrhunderts war es für Politiker nicht ungewöhnlich, dass sie ihre geschäftlichen Tätigkeiten fortführten, wobei vermeintliche Interessenkonflikte nicht unbedingt als schädlich für das Gemeinwohl angesehen wurden. Die außergewöhnlich hohen Gewinne all derer, die die Eisenbahnstrecken mithilfe großzügiger staatlicher Subventionen gebaut hatten, mögen uns heute ungerechtfertigt erscheinen, doch Macdonalds Projekt einer transkontinentalen Verbindung hätte ohne die administrativen und organisatorischen Fähigkeiten von [Sir Hugh] Allan, Sir William Cornelius van Horne und John Rudolphus Booth nicht realisiert werden können … (Dictionnaire biographique du Canada)*

Derartige Missdeutungen finden auch heute noch ihre Anhänger. Siedler ist jener Bewohner Albertas, der zwar so gut wie nichts vom Öl hat, das ortsfremde Unternehmen auf Kosten seiner Gesundheit oder Sicherheit ausbeuten, sich aber damit tröstet, einen wenn auch unsicheren Job gefunden zu haben. Siedler ist jener Bewohner Quebecs, der mit seinen Steuern Subventionen finanziert, die die Bergbauunternehmen, bei denen er anheuern wird, erhalten, und den Bau von Straßen bezahlt, die ihnen Zugang zu den Abbaugebieten verschaffen, was den öffentlichen Kassen nichts einbringt.

Stellt er sich gegen eine Politik, die ausschließlich kurzfristige wirtschaftliche Interessen fördert, bleibt der Siedler Amerikas zwangsläufig auf sich allein gestellt. Folgende Feststellung machte der unbotmäßige Henry David Thoreau: Die allererste Tat des Siedlers bestehe darin, »Ich« zu sagen und anderen Personalpronomen zu misstrauen, ganz besonders dem »Sie«. Im politischen Kampf sei Selbstermächtigung Programm. Er könne weder mit »der Masse der Leute«, die »ein Leben in stiller Verzweiflung führen«, noch mit einer »Zivilisation«, die außerstande ist, ihr Volk mit dem materiellen Reichtum auszustatten, den die indigene Bevölkerung auf beispiellose Weise bereits untereinander teilte, etwas anfangen. Das einzige Ziel eines Siedlers bestehe darin, seine eigene Haut zu retten. Derlei einsamen Individualismus hatte auch Alexis de Tocqueville beobachtet: »Konzentriert auf dieses einzige Ziel, sein Glück zu machen, hat sich der Auswanderer schließlich eine ganz individuelle Existenz geschaffen; die Familiengefühle haben sich aufgelöst in einem umfassenden Egoismus, und es ist zweifelhaft, ob er in seiner Frau und seinen Kindern mehr sieht als einen abgelösten Teil seiner selbst.«[14]

Damit erweist sich der Siedler – ob reich oder arm – als unfähig, die Tatsache seiner Zugehörigkeit zu einem Kollektiv anders auszudrücken denn durch unvollständige, verstümmelte Bilder. Er weiß nicht mehr, was es bedeutet, dass sein Land die gesellschaftlichen Bande schlecht knüpft, dass ihn in Kanada die von London gemachten Gesetze, um ihm nach und nach eine legislative Unabhängigkeit zu gewähren, jeder historischen Verantwortung entheben und dass der Ausdruck »konstitutionelle Monarchie« ein Euphemismus für seine nach wie vor unverändert fortbestehende Kolonie darstellt. Er verwechselt den bunten Postmodernismus eines Trudeau mit einer modernen politischen Kultur. Er ist zwar stolz auf seinen Besitz, doch zugleich schämt er sich dafür. Er ist außerstande, seinen weit zurückreichenden demographischen Banden subjektive Konsistenz zu verleihen. *Bande von Siedlern*:[15] Der Ausdruck verrät den Bannfluch, mit dem sich die Leute von hier früher einmal selbst belegt haben, sich der Spuren bewusst, die ihre Welt voller Elend auf ihnen hinterlässt.

Gewerkschaften »im Kampf« gegen ihre Kameraden in der Welt

Im globalen Kontext von Ausbeutung sind die Gewerkschaften keine Kraft, mit deren Hilfe die Fronten der Arbeitnehmer in angemessenem Umfang konsolidiert werden könnten. In Wirklichkeit sind alle Wege, sowohl im Diskurs als auch im Denken, verstellt. Investoren und Industriellen gelingt es sogar, sich als Opfer der internationalen Konkurrenz zu gerieren, um so der Gewerkschaftsbewegung die Hand zu reichen, damit die Arbeiterinnen und Arbeiter mit ihnen mitfühlen und ihr Schicksal an das der Konzerne binden. Dies geschieht oft auf der Grundlage von Wettbewerb, der durch unser ultraliberales Wirtschaftsmodell gefördert wird und an dem sich die Gewerkschaft unter keinen Umständen beteiligen sollten. »Der Wettbewerb zwingt uns dazu, wirklich unangenehme Entscheidungen zu treffen. Die Globalisierung setzt uns unter Druck. Wir müssen mit Arbeitern konkurrieren, die ein sehr geringes Einkommen haben«, bekräftigt der mächtige österreichische Investor Mirko Kovats in dem Dokumentarfilm *Let's Make Money* von Erwin Wagenhofer. »Wir müssen noch härter arbeiten, wir haben keine Wahl«, sagt er und verknüpft sein Schicksal mit dem von Arbeitnehmern, die gezwungen sind, unbezahlte Überstunden zu leisten, als ob sie und er derselben sozialen Kategorie angehörten und dieselben Aussichten hätten. Doch ein solcher Chef, so wie die Oligarchie insgesamt, ist natürlich verantwortlich für miserable Arbeitsbedingungen von Untergebenen, zu denen er sich, wie seine Rhetorik deutlich macht, selbst zählt. Der Dokumentarfilm zeigt ihn, wie er über seine Einrichtungen in Indien schwärmt, die auf ihre Art ebenfalls *Open For Business* sind, weil die Kosten für einen Arbeiter, die »weit geringer ausfallen als in Europa«, eine bescheidene Investition von 250 Euro im Monat darstellen, und höchstens 2500 Euro, wenn es sich um hoch qualifizierte Akteure wie etwa Ingenieure handelt. Dennoch ist dies bereits zu viel für den Geschmack des Kapitaleigners. »Wir können es uns nicht leisten, großzügig zu sein«, doziert er und philosophiert über die Technik in seiner Fabrik, die es ermöglicht, den Einsatz menschlicher Arbeitskraft zu minimieren, so als würde an der Universität ein Fallbeispiel marxistischer Kritik aus der politischen Ökonomie durchgesprochen.

Diese Vermischung von Interessen der Arbeiter mit denen der Bosse, wovon das fadenscheinige »Wir« Kovats' zu zeugen sucht (und das ein Leitmotiv des ideologischen Diskurses der 1990er-Jahre ist), wird in den Essays *Le partenariat social* von Ghislaine Raymond und *Syndicats. Lendemains de la crise?* von Jean-Marie Pernot behandelt. Beide zeigen, wie die westlichen Gewerkschaften dazu gebracht wurden, an diese Verbindung zu glauben. Raymonds Buch beschreibt, wie ihnen der sozialwirtschaftliche Gipfel, der 1995 auf ihren Wunsch von der PQ-Regierung Lucien Bouchards in Quebec organisiert wurde, eine Logik der »Partnerschaft« mit dem Staat und dem Großkapital aufgedrängt hat. Die »Globalisierung« bringt eine radikale Veränderung der Solidaritätsbande mit sich, die von den zentralen Gewerkschaftsorganen geschmiedet werden: Quebecer Unternehmen, die ihre Mitarbeiter ausbeuten, werden plötzlich zu ihren Verbündeten, während ihre internationalen Genossen, die von besagten Unternehmen angestellt werden könnten, wenn sie ihre Aktivitäten ins Ausland verlegen würden, nunmehr als Konkurrenten angesehen werden. Die Gewerkschaftsbewegung, sobald sie großspurig die Bühne der Globalisierung betritt, entsagt dem Arbeitskampf, der sie doch einst mit der internationalen Arbeiterklasse eher solidarisierte, um nun gemeinsam mit den Quebecer Unternehmern Front gegen ihre ausländischen Konkurrenten zu machen. Und so, ohne dass sie deswegen eine Miene verzogen hätten, verfügten die Gewerkschaften nur über acht Prozent der Redezeit auf diesem Forum, während dem Premierminister und den Wirtschaftsleuten, die in überwältigender Mehrheit eingeladen worden waren, die meiste Redezeit zur Verfügung stand. Die Aktienbeteiligung der Gewerkschaften an den betroffenen Unternehmen – sinnreich Solidaritätsfonds der FTQ (Quebecs größte Arbeitnehmerunion) genannt – trägt ohne Zweifel dazu bei, die Reflexionskraft der Involvierten zu schwächen und ihre Strategien unglaubwürdig erscheinen zu lassen. Ghislaine Raymond erinnert uns gebetsmühlenartig an das Versagen der Gewerkschaftsorgane im Rahmen dieses Gipfels. Während sie von der Quebecer Regierung fordern, die Wirtschaft mittels einer Politik der Vollbeschäftigung und einer höheren Besteuerung von Großkapital wieder in Schwung zu bringen, stimmen sie zugleich einer Position zu, die ihnen diametral entgegen steht. Was daraufhin geschieht: Die Regierung friert den Mindestlohn ein, baut 40 000 Stellen im öffentlichen Dienst und im Gesundheitswesen ab, kürzt öffentliche Dienstleistungen und erhöht die Preise für dieselben statt des Steuersatzes für das Großkapital. Die Autorin gibt schließlich zu bedenken, dass mit der Zustimmung seitens der Gewerkschaft »die Regierung in der Lage sein wird, die Tarifverträge der Staatsbediensteten zu ändern, um sie an die laufenden Kürzungen im öffentlichen Dienst anzupassen, ohne dass dies zu Neuverhandlungen der Arbeitsverträge führt.« Den Gewerkschaften gelingt es einzig und allein, ein Gesetz zur Lohngerechtigkeit zu verabschieden, das auf die Angleichung von Einkommen in Berufen, die vorwiegend von Frauen ausgeübt werden, und jenen auf Posten, die mehrheitlich von Männern besetzt sind, abzielt und allenfalls eine historische Ungerechtigkeit korrigiert. Die Gewerkschaften in Europa und insbesondere in Frankreich mussten letztlich erkennen, dass sie durch die »Regelungen zur Sozialpartnerschaft« im neoliberalen Kontext strukturell auf die Form einer Lobby reduziert worden waren. Der »gesellschaftliche Dialog«, an dem sich zu beteiligen sie mit anderen Mitgliedern der »Zivilgesellschaft« aufgerufen sind, scheint das Ziel zu verfolgen, sie dazu zu bringen, bereits getroffene Entscheidungen einfach mitzutragen. Das von der »sozialistischen« Regierung in Frankreich organisierte Sozialforum war in dieser Hinsicht eine Farce, wie 2014 *Médiapart* berichtete:

> *Ziel dieses Forums sollte es sein, tragfähige und umsetzbare Beschlüsse für verschiedene Branchen und Unternehmen zu erzielen. Davon sind wir jedoch noch weit entfernt, trotz der Fülle an kollektiven Aushandlungen, die unsere sozialen Beziehungen bestimmen. Man spielt uns etwas vor: In Wirklichkeit vergibt der Staat mittels Aufträgen die Umsetzung seiner öffentlichen Politik an Unternehmen, wobei er den »gesellschaftlichen Partnern« einen Plan vorschreibt. In der Regel lässt er ihnen drei Monate Zeit, um etwa den Arbeitsmarkt oder die Renten zu reformieren, er gibt an, was er von ihnen erwartet und übernimmt sonst wieder das Kommando.*

Versäumnisse dieser Art, die struktureller Natur sind, erweisen sich als viel schwerwiegender denn jeder gescheiterte Streik, da sie dazu geführt haben, dass die Arbeiterbewegung in ihrer Subjektivität als solcher gebrochen wurde. Sie führten zum Verlust ihrer Stimme, ohne dass etwas Neues an ihre Stelle trat, außer dass sie aus ihr einen Juniorpartner innerhalb der ultraliberalen Finanzlogik gemacht haben, die natürlich ausschließlich den Mächtigen nützt … An manchen Orten können sie nun von den gewerkschaftlichen Beteiligungen an der Börse profitieren und zugleich die politische Ohnmacht ihrer Anführer belächeln.

Von da an erweckte die Arbeiterbewegung den Eindruck, jedwede selbstgewählte strategische Ausrichtung aus den Augen zu verlieren und die Arbeiter, die für sich genommen ebenso orientierungslos waren, in ihrer Verwirrung nur noch zu begleiten. Und dies nicht zuletzt, weil der Gewerkschaftsaktivist mit den antinomischen Subjektivitätsformen konkurrieren muss, die von der herrschenden Ideologie gefördert werden, wie jene des gierigen Konsumenten, des kleinkrämerischen Individuums, des nur an sich selbst interessierten Geizigen, des Narzissten mit atomisierter Geisteshaltung, dessen einziger Erwartungshorizont sein Häuschen ist … Da sie so mit tatkräftiger Unterstützung der Werbung verhöhnt wurden und niemand eine soziologische Beschreibung ihrer realen Lebensbedingungen zu liefern beabsichtigte, um ihnen ein ganz anderes Antlitz zu verleihen, bleibt der allgemeine Eindruck haften, dass Mitglieder von Gewerkschaften lediglich das Bild einer Mittelschicht abgeben, die die Gesellschaft zudem nicht müde wird, als mittelmäßig hinzustellen. Dieses Bild scheint noch allzu oft der vernichtenden Beschreibung des US-amerikanischen Soziologen Charles Wright Mills in *Menschen im Büro* zu entsprechen, nämlich dem einer Gemeinschaft, der es nicht gelingt, sich kraft einer gemeinsamen Perspektive auf die Welt, in der sie als aktive Subjekte handeln würden, zusammenzuschließen. Der Angehörige der Mittelschicht wird seiner Ansicht nach »von Mächten getrieben, auf die er keinen Einfluss hat, in Bewegungen hineingezogen, die er nicht begreift; er gerät in Situationen, denen er völlig hilflos ausgesetzt ist.«[16] Weiter unten fügte er noch hinzu: »Seine geschichtliche Entwicklung ist ebenso kurz wie unheroisch, und er ist sich darum auch gar nicht bewusst, eine Vergangenheit zu haben. Er hat kein Goldenes Zeitalter erlebt, an das er sich in Notzeiten erinnern könnte. Er weiß nicht einmal, wohin sein Weg eigentlich führt, und vielleicht ist das auch der Grund, weshalb er es immer so furchtbar eilig hat. Lähmende Angst erfüllt ihn, und dies umso mehr, als er die Ursachen dieser Angst nicht zu erkennen vermag. Dass er sich vor Angst nicht zu rühren wagt, zeigt sich ganz besonders deutlich auf politischem Gebiet und hat zur Folge, dass er sich so völlig apathisch verhält wie heutzutage niemand sonst.«[17]

Natürlich besteht die Arbeit der Gewerkschaften darin, dieses Image zu korrigieren und die Mittelklasse zu stärken, damit sie nicht schlicht zu einer mittelmäßigen Klasse avanciert. Und sie stärken bedeutet, aus ihr eine gesellschaftliche Kraft zu machen, die einen eigenständigen Diskurs führt, der über bloße Forderungen verwaltungstechnischer Art hinausgeht, um die Struktur, die ihrer Existenz zugrunde liegt, infrage stellen zu können.

Mit der Gründung der Kampagne »Kampf gegen Steueroasen« haben einige Gewerkschaften in Kanada[18] die Gestaltung einer anderen Ordnung als die der wirtschaftlichen Globalisierung in Angriff genommen, die es den Oligarchen des Finanzwesens und der Großindustrie ermöglicht, im Sumpf der Steueroasen, Freihandelszonen und Freihäfen zu gedeihen.

Doch nicht immer gewinnt man den Eindruck, dass solche Glaubensbekenntnisse, kritischen Ansätze, theoretischen Betrachtungen und politischen Verpflichtungen die Strategien des Gewerkschaftskampfs grundlegend verändern. Obwohl sie zuversichtlich stimmen, bilden sie eher eine marginale, um nicht zu sagen bisweilen losgelöste Tätigkeit, die die Gewerkschaften noch zusätzlich zu den zahlreichen und anspruchsvollen Aufgaben ausüben, die sie sonst zu erledigen haben, wie die tägliche Vertretung der Interessen ihrer Mitglieder und die Durchführung wichtiger Verhandlungen, und dies innerhalb bürokratischer Apparate, die manchmal so schwer zu führen sind wie ein

Ministerium. Dieses Dilemma, das die Gewerkschaftsgruppen ständig plagt – zwischen Allgemeinem und Besonderem, zwischen großer Politik und Verwaltung im Kleinen zu navigieren –, bringt ihre Probleme auf den Punkt, denn es ist nicht nur Ausdruck einer Debatte über Prioritäten, sondern spiegelt zwei Ansätze wider, die oft widersprüchlich sein können: die Überlegungen zu den allgemeinen, globalen Lebensbedingungen, die die Arbeiter- und Angestelltensubjektivität bestimmen, und die Positionierung in der konkreten Situation mitsamt ihren spezifischen Regeln.

In dieser Debatte geht es um eine Entscheidung: Ist und bleibt Gewerkschaftsarbeit politisch oder wird sie durch softe und ausschließlich dem Managementwesen entstammende Regeln dessen, was heutzutage der Begriff der Governance bezeichnet, aufgeweicht? Politik definiert das Vermögen, das sich die Mitglieder einer instituierten Gemeinschaft geben, sich über die grundlegenden Formen, die das Leben in Gesellschaft regulieren, auszutauschen. Politisch handeln bedeutet, seine Rede und seine Handlung außerhalb der sozialen Koordinaten zu verorten, deren gefestigten Machtformen wir unterworfen sind, um über die Gesamtheit der Regeln und Mechanismen zu diskutieren, die uns hier und in dieser Form zurichten. Also weniger *das Spiel* der Manager, Börsenleute, Kapitalisten und Ultraliberalen *zu spielen*, das sich, in der Hoffnung des Einzelnen, daraus einen Vorteil zu schlagen, durchgesetzt hat, und mehr an der Ausarbeitung neuer formaler Regeln mitzuwirken. Die Governance hingegen setzt die Gewerkschaftsvertreter in ein partnerschaftliches Verhältnis, dessen Akteure ausdrücklich ungleiche Positionen innehaben müssen. Dem Imperativ des »Konsens« unterworfen, sind die Gewerkschaften nunmehr dazu angehalten, solche Prozesse mitzuvollziehen, um einen Beitrag seitens der Arbeiterschaft zu industriellen Entwicklungsperspektiven und durch die Hochfinanz angestoßenen Projekten zu leisten, als an der Ausarbeitung grundlegender Regeln, wie ein Leben in Gesellschaft aussehen soll, mitzuwirken. Für die Arbeiterschaft, wie auch für ökologische, indigene und lokale Bewegungen, geht es von jetzt an darum, dem Großprojekt des Kapitalismus kleinere Interessen und Absichten aufzupfropfen, die von ihren Anhängern verschiedentlich als »Schritt in die richtige Richtung«, »erhaltene Zugeständnisse«, »moralische Siege« oder »strategische Partnerschaften« gewertet werden können. Einmal mehr zeigt sich die Governance als Kunst privatwirtschaftlicher Verwaltung, die in den Rang einer Form von Politik erhoben wurde, deren wesentliches Ziel es ist, die Politik ihres eigentlichen Kerns zu berauben.

Natürlich ist der Weg der Politik viel steiniger und unsicherer, er zahlt sich nicht sofort aus wie der der Governance. Er ist sogar, in diesem Zusammenhang, absolut revolutionär, und zwar in dem Sinne, dass Revolution darin besteht, Institutionen, die für das Gemeinwesen schädlich sind, *ein Ende zu setzen*. Warum sich also für den unbequemen Weg der Politik entscheiden, wenn man seine Figuren im komfortablen Rahmen der Hinterzimmer und Salons voranbringen kann, wo das Spiel der Governance gespielt wird? Weil Letzteres – man erinnere sich an die Schriften Rosa Luxemburgs – in psychologischer Hinsicht viel drückender sein kann als die Bürde politischen Engagements. Der Druck auf die Löhne aufgrund der Globalisierung der Arbeit, die Verlagerung von Fabriken ins Ausland, was zu Schließungen im Inland führt, die Steuervermeidung, die zu einer mit Stolz erfüllenden und legalen Praxis erklärt wird, Überarbeitung, die sich in immer zahlreicheren Verschreibungen von Psychopharmaka widerspiegelt, die durch Börsenschwankungen, die das Schlimmste vermuten lassen, hervorgerufene Unsicherheit, die die Rentenfonds bedroht, ganz zu schweigen vom völligen Zusammenbruch der industriellen Ordnung aufgrund einer mehr als wahrscheinlichen Öl- und Finanzkrise, all das macht ersichtlich, dass die Beteiligung der Gewerkschaftsgruppen an den Großmessen der Governance noch viel problematischer und schwerwiegender ist als der radikale, wenngleich real ebenso beunruhigende Kampf. Es geht also um die Entscheidung zwischen Politik und Governance, das heißt, ob sich die Gewerkschaftsbewegung weiterhin dem Kapitalismus verschreibt und an dessen Entwicklung teilhat, indem sie ihn für Mitglieder ihrer Organisationen akzeptabel macht, während sie zugleich Gewerkschaftsfonds einrichtet, die börsennotierten Unternehmen zur Verfügung gestellt werden, oder ob sie einen konzertierten Kampf gegen seine ungerechten, schädlichen und zerstörerischen Auswirkungen führt. Diese Frage, die in der erbittert geführten theoretischen und strategischen Auseinandersetzung zwischen Luxemburg und den sozialdemokratischen »Revisionisten« Edward Bernstein und Karl Kautsky auf dramatische Weise den Beginn des 20. Jahrhunderts geprägt hat, bleibt, so weit sie auch verdrängt wurde, nicht weniger aktuell.

Nichtsdestotrotz wechseln die Akteure mit der Zeit. Heute sind es nicht mehr die sozialdemokratischen Ideologen, die innerhalb der Gewerkschaftsapparate dafür sorgen, dass die Mitglieder den rechten Weg der Zusammenarbeit beschreiten. Rechtsanwälte tun dies, wahrscheinlich ohne ihr Wissen. Sobald sich die Basis aufregt, sobald sie mehr politisch und weniger administrativ denkt, sobald sie sich als gesellschaftlicher Körper mit eigenem souveränem Vermögen präsentiert, tauchen sie plötzlich auf – ihr »Wissen« im Anschlag, das nichts anderes als die Grammatik der Macht ist –, um sie über ihre Rechte und Pflichten aufzuklären und auf die Gefahren hinzuweisen, die bei der geringsten Forderung nach Unabhängigkeit zu entstehen drohen. Sie waren es, die im Jahr 2012 jedes Schüren zivilen Ungehorsams gebremst haben, als es an der Zeit war, der Gesetzesvorlage 78 der »liberalen« Regierung von Quebec entgegenzutreten, einem »Notstandsgesetz«, das kritisiert wurde von Amnesty International, einem Zusammenschluss von 60 Jura-Professoren aus Quebec, zwei unabhängigen Experten der Vereinten Nationen für Versammlungs- und Meinungsfreiheit sowie dem obersten Menschenrechtskommissar bei der UNO, Navanethem Pillay, und schließlich noch der Commission des droits de la personne et des droits de la jeunesse du Québec. Dieses Gesetz wurde selbst von Jacques Parizeau, einem ehemaligen Ministerpräsidenten Quebecs, als, so seine Worte, »faschistische Versuchung« bezeichnet. Die Gewerkschaften verdanken ihren Status sowie ihre körperschaftliche Existenz dem kapitalistischen Staat, den sie qua Mandat zugleich bekämpfen sollen. In seinem Neusprech verbietet er ihnen im Namen dessen, was er »Streikrecht« nennt, zu streiken, wobei er sicherstellt, dass dieses Recht innerhalb eines Rahmens, der es ihm erlaubt, diese Eventualität so oft wie möglich zu vermeiden, sehr streng begrenzt ist und dass er strukturell die Mittel dazu hat, es durch irgendein »Notstandsgesetz« außer Kraft zu setzen.

Jener verwaltungstechnische Status zwingt die Gewerkschaften dazu, Ökonomie strikt in dogmatischen Begriffen von Handel und Finanzen zu denken, das heißt streng nach individualistischen Akteurs-Strategien, so als ob jedes Mitglied, jeder Teil für sich genommen werden müsste. Völlig außer Acht gelassen wird hierbei der Gedankengang des Soziologen Gabriel Tarde, der 1902 in seinem Buch *Psychologie économique* schrieb: »In Amerika, im nützlichsten, im wirtschaftlich am weitesten fortgeschrittenen Land, so wird uns erzählt, hat man sich *sympathisierende Streiks* ausgedacht, Streiks von Arbeitern, die nicht betroffen sind und für sie leiden, nur um sich mit ihren Kameraden, deren Schicksal für sie *von Interesse* ist, zu solidarisieren. Nirgendwo hat man derart viele finanzielle Opfer einer Idee darbringen sehen, einer Frage des Prinzips, eine Gefühl von Verbundenheit, wie in diesem gelobten Land des Eigeninteresses.«

In erster Linie erinnern die Gewerkschaftsanwälte die Befürworter eines Gewerkschaftskampfs daran, was bei dem Philosophen Walter Benjamin noch kritisiert worden war: dass das Regime den Syndikalismus nur dann toleriert, wenn er dazu beiträgt, die Ordnung, in der die etablierte Macht ausgeübt wird, aufrechtzuerhalten. In *Zur Kritik der Gewalt* stellt Benjamin das Streikrecht als eine Form dar, mit der der Rechtsstaat die Befriedung der unter ihn bestellten Akteure fördern kann. Doch in keiner Weise wären die Gewerkschaften, etwa durch den Rückgriff auf den Streik, imstande, das Funktionieren der Ordnung selbst zu untergraben. Der revolutionäre Generalstreik etwa, der den Staat lahmzulegen versucht, um die Macht zu grundlegenden Veränderungen zu zwingen, würde als illegal gelten. Im Fall von gleichzeitigen Streiks »wird die Arbeiterschaft jedesmal sich auf ihr Streikrecht berufen, der Staat aber diese Berufung einen Missbrauch nennen, da das Streikrecht ›so‹ nicht gemeint gewesen sei, und seine Sonderverfügungen erlassen. Denn es bleibt ihm unbenommen zu erklären, dass eine gleichzeitige Ausübung des Streiks in allen Betrieben, da er nicht in jedem seinen vom Gesetzgeber vorausgesetzten besonderen Anlass habe, widerrechtlich sei.«[19] Da die Behörden keine Rechte gewähren, die zu ihrem eigenen Sturz beitragen können, kommt die Arbeiterbewegung nicht umhin, bestimmte von der Ordnung eingeräumte Vorteile zur Finanzierung ihrer Anhängerschaft zu opfern und auf neue, einfallsreiche Weise in anderer Form zusammenzukommen. Der Verlust an Mitteln, den eine solche Umstrukturierung mit sich brächte, würde durch eine weitaus bedeutendere politische Wirkmacht wieder ausgeglichen. Heute steht man vor der Wahl zwischen der Gefahr, den Syndikalismus materiell zu schwächen, indem man ihn den Weg der Politik beschreiten lässt, oder ihn politisch zu schwächen, indem man ihm seine systemische Stärke belässt.

3 Kultur und Zivilisation

Es gibt ihrer zwei: die *psychische Ökonomie*, die mit unserem Fleisch zu tun hat und, dem metapsychologischen Vokabular Sigmund Freuds zufolge, alles in »Affektquanten«, »Triebbesetzungen«,[1] sinnstiftender »Währung« oder »Kraftersparnis« begreift, und die *materielle Ökonomie*, die aus kleinen Geschäften, buchhalterischen Leidenschaften und luxuriösen Gesetzen besteht und die Bewegungen und Begehrlichkeiten der ersteren kodiert. Im Gegensatz zu dem, was man auf den ersten Blick denken könnte, handelt es sich beim Spiel der Akkumulation von Finanzkapital um psychische Ökonomie. Die Kunst, Geld zu verdienen, ist eine Angelegenheit der Triebe, aber wie immer geht es, wenn das Medium Geld ins Spiel gebracht wird, letztlich darum, Mäßigung zu erzeugen, psychische Regungen unter Kontrolle zu bringen, sie auf ihren einfachsten Ausdruck zu reduzieren, sie zu Mittelmaß, zu Durchschnitt zu erziehen und sie derart domestiziert weiterzuleiten. Dadurch wird psychischer Ausdruck dauerhaft beeinträchtigt. Doch abgesehen davon wird es am Geld sein, der Kunst zu dienen und sich ihrer zu bedienen, um als Mittel zur Vermittlung von Affekten in der unsagbaren Pracht der Mittelmäßigkeit zu fungieren.

Die psychische Ökonomie zielt darauf ab, die Erregungsmenge des Nervenapparats niedrig zu halten. Ein Bedürfnis befriedigen, einem Trieb freien Lauf lassen, eine Spannung abbauen … das bedeutet, die an einem nagende Erregung zu reduzieren, das, was auf die Nerven geht, still zu stellen. Lust resultiert aus dem Gefühl der Befriedigung, das solche Befreiungsakte begleitet. Durch Affirmationen, Manifestationen, Gesten oder Objektbeziehungen ist das Subjekt, solange es lebt, auf der Suche nach Strategien, dank derer es psychische Energie freisetzen wird. Dieses psychische Aufgebot gründet in einem Verhältnis von Innen und Außen.

Dennoch ist es ziemlich selten, dass sich das Subjekt problemlos von seiner Ladung befreit. Die Moral und die Gesetze zählen zu jenen Instanzen, die die Subjekte zur »Verdrängung« zwingen. Je nach Kultur handelt es sich darum, keinen Sex vor der Ehe zu haben, keine Schaulustigen abzudrängen, dem König nicht zu sagen, er sei nackt. Verdrängen heißt, eine psychische Ladung an ihrer Entladung zu hindern. Das Subjekt muss jedes Mal, wenn es dazu kommt, Arbeit aufwenden, um eine Ladung Triebenergie, die nach Abfuhr verlangt, zurückzuhalten. Gelingt diese, wenn die Umstände es zulassen, so sagt man vom Subjekt, es trete in einen Prozess psychischer Abfuhr (»Ausgabe«) ein: Es besetzt (»investiert in«) Wunschobjekte mittels Gesten, Wörtern oder Symbolen. Diese Entladung kann dann ebenso als eine (Aufwands-)»Ersparnis« betrachtet werden, insofern sich diese Affekte Bahn brechen, sobald das Subjekt aufhört, sie zu unterdrücken. Es spart die psychische Arbeit ein, die es kostet, jene Triebe zu verdrängen, es arbeitet »kostenschonend«, wirtschaftlich. Ihm wurde von der Gesellschaft zugestanden, einen Wunsch ohne ihren Einspruch zu befriedigen.

Andernfalls hätte es verdrängen müssen. Was ihm leider am meisten widerfährt: Die Psyche verdrängt permanent. Sie wird unablässig dazu angehalten, aus dem Inneren kommende Übergriffe, die keiner gesellschaftlich anerkannten Form entsprechen, zu unterdrücken. Solche Formen sind lauter Verhaltensweisen, die mit einem Leben in Gesellschaft konform sind – wie zum Beispiel traurig sein beim Tod seines Partners, einen Kollegen beglückwünschen, der einen unbedeutenden Preis gewonnen hat, oder »Guten Tag« zu Angestellten sagen, die man verachtet – und die Freud unter das Stichwort »neurotische Währung« zählt.

In psychischer Hinsicht reich sein bedeutet also, über die nötigen Mittel zu verfügen, seinen psychischen Willensäußerungen so mühelos und so oft wie möglich Ausdruck zu verleihen: vor allem, sie nicht unterdrücken zu müssen mittels kostspieliger Verdrängungsprozesse. Denn Verdrängung ist genau genommen ein Vorgang, der den psychischen Erregungswert ansteigen lässt. Daher das Unwohlsein, das Unbehagen, die Agitation, alle Neurosen, die die Leute belasten, während sie eine Klasse von Chefs vor sich haben, die dermaßen Herr über sich selbst ist, ganze Horden von Experten und Sprechern, die in ihrer Gewöhnlichkeit so gelassen daherkommen. Für die Pechvögel ist Verdrängen mit dauerhaften Kosten verbunden. Die Verdrängung ähnelt keinem Prozess, der ein für allemal eine Absicht, die in der allgemeinen Sittenökonomie kein Bleiberecht genießt, aus dem moralischen Dekor verbannen würde, sondern einer jederzeit stattfindenden Anstrengung. Verdrängen heißt, eine Absicht auf Dauer in Schach zu halten, ohne dass sie durch einen Lapsus oder eine Fehlleistung durchdringt, bis es gelingt, ihre Sublimierung in abgeleiteter Form auszuhandeln oder sie in dem Maße zu verhüllen, dass sie in verschobener Gestalt nach draußen durchschlüpfen kann.

Zahlungsmittel, gemeinhin verstanden als ein durch ein gesellschaftlich anerkanntes Kodifizierungssystem gehortetes Vermögen, erleichtern die Arbeit der Verdrängung. Leicht rechtfertigen sie eine Aufhebung psychischer Beschränkungen. So gesehen besteht reich zu sein darin, Verdrängungsakte einzusparen – und dies viel öfter, als wenn man arm wäre. Nehmen wir den »Lotteriekollekteurs und Hühneraugenoperateurs Hirsch-Hyacinth«, der eines Abends einen berühmten Millionär nach Hause begleiten soll und auf den Heinrich Heine in einer Anekdote anspielt, die später durch Sigmund Freud Bekanntheit erlangt hat: »Rothschild behandelte mich ganz wie seinesgleichen, ganz *famillionär*.«[2] Der Vater der Psychoanalyse hat diesen Witz als Ausdruck des Unbehagens der gesellschaftlich niedriger stehenden Figur gedeutet, die zum ersten Mal einer ihr höher gestellten Person auf Augenhöhe begegnet. »Die Herablassung eines reichen Mannes hat immer etwas Missliches für den, der sie an sich erfährt.«[3] Vor allem wird, dreht man den Satz um, ersichtlich, dass die Vermögenswerte eine Art Persilschein für seine herablassende Haltung darstellen. Was

Heines »Lotteriekollekteurs« subtil andeutet. Der Reichtum und die damit verbundenen Eigenschaften lassen niederträchtigen Verhaltensweisen, die bei vermögenden Menschen allemal rumoren, freien Lauf. Die Zurschaustellung von Reichtum gilt selbst als Währung, die die zu erwartende Missbilligung in Zeichen der Anerkennung verkehrt. Damit wird Verachtung zu einer Qualität.

Bei dem Mächtigen geht es also darum, dass ihm alle Instanzen der Verdrängungsarbeit erspart bleiben. Durch die Verachtung, die den Anderen leiden macht, externalisiert er sie. Sind ihm psychische Anstrengungen fremd, so werden sie zum Los der »normalen« (das heißt der Ordnung entsprechenden) Leute. Sie müssen sich zurückhaltend, gemäßigt, ja demütig, gehorsam und sogar respektvoll geben. Der oder die Reiche wird dann ungehindert das sardonische Lachen auskosten können, das wie von selbst ausbricht, wenn einem dieses den Armen vorbehaltene moralisierende Geschwätz erspart bleibt. Die frauenfeindlichen Ausfälle eines italienischen Medienmoguls, der Ministerpräsident seines Landes war, zeugen ebenso davon wie die Straffreiheit, die ein ehemaliger Chef des Internationalen Währungsfonds (IWF) mit gewalttätigem sexuellem Verhalten genoss. Ihre Machtdemonstrationen treiben die Missachtung des Realitätsprinzips auf die Spitze; Geld in massiver Konzentration sprengt die Barriere von Skrupeln. Man ist, dies die größtmögliche Besetzung (Investition), bereit, vielerlei Anstrengungen zu unternehmen, um eine gesellschaftliche Stufe zu erreichen, auf der einem all diese psychischen Anstrengungen erspart bleiben.

Eine ganz andere Rolle spielt das pekuniäre Ding für diejenigen, die es in Form eines Gehalts erwerben wollen. Dieses Einkommen ist weit davon entfernt, ein moralisches Sich-gehen-Lassen zu gestatten, sondern entlohnt im Gegenteil nur eine psychische Arbeitskraft. Geld in dieser Form finanziert vorweg eine beträchtliche Verdrängungsleistung – zu schweigen. »Halt's Maul, ich bezahl dich« ist die implizite Anordnung, die mit dem ersten Lohnausgleich einhergeht. Die Sache ist auch deswegen so klar, weil die Vergütung von Mitarbeitern höher ausfällt, deren Aufgabe es ist, das Berufsgeheimnis in ihrem Tätigkeitsfeld, etwa in der Medizin, im Recht oder in der Politik, zu wahren. Bisweilen ist dieses Prinzip krass offensichtlich. Einmal wurde ein Ermittlerteam entsandt, um herauszufinden, warum in einem bestimmten Ministerium in Deutschland Beamte wie die Fliegen der Depression verfielen. Die Studie kam zu dem Schluss, dass die Mitarbeiter angesichts der zu großen Kluft durchdrehten, die sie zwischen dem wahrnahmen, was sie offiziell verlautbaren durften, und dem, was sie als Wahrheit kannten.

Jetzt, im Zeitalter von totalitärer Management- und Unternehmenskultur, ertönt der Befehl immer deutlicher und lautet: »Lächle, ich bezahle dich, bring dich als Person in die Leistungen ein, die ich von dir verlange, ich bezahle dich, verwende dein persönliches Netzwerk für professionelle Zwecke, ich bezahle dich …« Der irrsinnige Spruch, demzufolge »der Kunde immer Recht hat«, bildet eine weitere dieser Devisen – oder neurotischen Währungen –, die enorme Anforderungen an die Person stellen, die unter den Folgen zu leiden hat.

Das Medium Geld bildet bei den Transaktionen, denen es vorsteht, ein Agens, ein Mittel zur Verdrängung äußert gewalttätiger Affekte. Dieses Quantum an Bestialität kommt deutlich zum Ausdruck, wenn man sich nur einmal vorstellt, dass man in einem Restaurant Essen bestellt, es kostet und ohne zu zahlen das Lokal verlässt. Die fragliche Gewalt zeigt sich hier in aller Deutlichkeit. Welche Zwangsmacht, so wird einem klar, stellt doch dieses Mittel dar, das anderen Befehle (oder Bestellungen) kraft der ihm verliehenen Autorität erteilt. Schmiert Geld die sozialen Beziehungen, so bleibt die Gewalt, auch wenn sie immer noch tötet, verborgen, denn es ermöglicht ihre Einsparung. Reiche Leute leugnen sie, solange sie von ihnen ausgeübt wird; arme Leute verdrängen sie, solange sie ihr unterworfen sind. Im ersten Fall geht es darum, sie niemals beim Namen zu nennen und die von ihr in Aussicht gestellten heimlichen Vorrechte zu genießen, im zweiten Fall, sie zu zensieren und ihre Logiken zu internalisieren. Diese verlieren an dem Tag ihre Wirkung, an dem sich ein »Lotteriekollekteurs«, der Arroganz des Barons von Rothschild gegenüber, einen Schuss Humor genehmigt, der blitzartig die Bewusstseinsverhältnisse verschiebt.

In der Tat macht es der Witz möglich, eine Situation durchzustreichen und neu zu schreiben. Dank seiner sind die Würdenträger und ehrenwerten Charaktere nackt und werden jäh zur Farce, wie der Regisseur Pierre Falardeau aus Quebec in *Le temps des bouffons* versichert:

> *Die ganze Raubtiermeute ist vertreten: Bosse und Frauen der Bosse, Finanzbarone, Tiefkühlpizzakönige, Immobilienhaie. Die ganze Bande von Wohltätern der Menschheit. Aasfresser, denen Denkmäler gebaut werden, Profiteure, die als Philanthropen gelten, armselige Typen, Freunde des Regimes, die als altersschwache Senatoren verkleidet sind, Weiber mit zu strammen Ärschen, kleine schwanzlutschende Weltverbesserer, die bis ganz nach oben wollen, kriecherische Journalisten, gekleidet als unterwürfige Leitartikler, korrupte Anwälte, die als Richter angezogen 100 000 Kröten per Anno verdienen, Arschkriecher, die sich für Künstler halten. Die ganze Truppe ist da: ein riesiger Haufen verchromter, mit Medaillen behängter, Krawatten tragender, vulgärer und unhöflicher Kleingeister in ihren schicken Anzügen und ihrem luxuriösen Schmuck. Sie stinken nach teurem Parfum. Sie sind reich und sie sind schön, erschreckend schön mit ihren erschreckend weißen Zähnen und ihrer erschreckend rosigen Haut. Und sie feiern …*

Doch der Humor droht schnell ins Schwarze zu kippen. Seltsamerweise gewinnen Falardeaus Worte, die gewiss abscheulich klingen, immer mehr an Kraft. An sie denken wir, und sie retten uns sogar, wenn wir sehen, wie sich die versammelte Oligarchenkaste ein luxuriöses Spektakel bei den Desmarais in Sagard springen lässt, das so herzzerreißend ist wie das banalste Fernsehprogramm. Sie sind es auch, die unseren Blick versteinern lassen angesichts der erschütternden Szenen in dem Dokumentarfilm von Andreas Pichler *Das Venedig Prinzip*, wo man erfährt, dass Millionen von Touristen die Fundamente der venezianischen Stadt buchstäblich in Grund und Boden stampfen, indem sie auf miserablen Maskenbällen, bei denen sie gezwungen sind, historische Kostüme zu tragen, als frühere Adlige auftreten.

Die berühmte Geschichte von Pierre Falardeaus *Temps des bouffons* verleiht nicht nur vielen Situationen, die uns leider mittlerweile famillionär geworden sind, ein wenig Zeugniskraft, sondern demonstriert noch eine weitere Tugend: Sie zeigt die Ungerechtigkeit am Werk, wenn sich Arme und Reiche gegenseitig verachten. Macht der Filmemacher, indem er vulgäres Verhalten gegen vulgäres Verhalten ausspielt, nicht deutlich, dass es der Armut oft, um den Preis von Selbsterniedrigung, gelingt, den diskreten Charme der Bourgeoisie anzuprangern? Dabei geht es nicht nur um die Verachtung von einer Person gegenüber einer anderen, sondern um die wechselseitige Verachtung eines Reichen und eines Armen, wobei letzterer sich jedoch erniedrigen muss, um diese auf beiden Seiten geteilte Empfindung zum Ausdruck zu bringen. Hier gibt es selbst für den Liebhaber geistreicher Witze allen Grund dazu, seinen Hochmut fahren zu lassen. Sogar Heinrich Heines Figur wird plötzlich direkter und weniger witzig, als er die Reichen, die, weil das Geld sie so verdirbt, nicht wissen, was sie tun, als »*Millionarren*« bezichtigt.

Derlei kurzzeitige psychische Entlastung ist nur insofern angezeigt, als sie für neue Bewährungsproben vorbereitet. Denn nur selten kommt es vor, dass man daraus gestärkt hervorgeht. Bleibt den Verdammten des Psychoschuldenspiels noch Erfindungsreichtum, List, Humor, Raffiniertheit, Kreativität … Alles Fähigkeiten des Denkens, um die sie von jenen beneidet werden, denen sie durch das Geld schon seit langem abgekommen sind. Diejenigen, die in seinem Besitz sind, vereinnahmen im Nachhinein die Früchte einer Haltung, die in Momenten des Widerstands gegen sie überhaupt erst ausgebildet wurde. Sie machen sich zu Inhabern von Rechten an geistigem Eigentum, von Kleiderstilen, die gestern noch jene, durch die sie eingeführt wurden, an den gesellschaftlichen Rand gedrängt hatten; sie lehren an schönen Schulen sublime Texte, die von Aussätzigen unter schwierigen Bedingungen im Zorn gegen sie geschrieben worden sind; oder noch mehr, sie verbürgerlichen Viertel, denen mittellose Leute Charme und Seele einzuhauchen vermocht haben … Es bleibt ihnen also vorbehalten, die Exklusivität von Erfindungen, die durch den geistigen Reichtum derjenigen hervorgebracht wurden, die die auf ihnen lastenden Zwänge überwinden mussten, auszukosten. Dieser Humor zweiten Grades, ein sehr reicher Witz, wird ihr Vorrecht bleiben, als Letzte zu lachen. Am Ende wird ein lautes Gelächter erschallen, wenn sie jene Formen, die sich unabhängig von ihnen entwickelt haben, in Stücke zerlegen, um sie im kommerziellen Spiel, ihrer einzigen Leidenschaft, einzusetzen und darin nichts weiter als eine bloße Demonstration monetärer Macht zu sehen.

Die Meinung reicher und berühmter Leute

Der luxuriöse Lebensstil der Reichen und Berühmten stellt sich heutzutage als Spiegelbild einer industriellen Massenkultur dar, die es nachzuahmen gilt. Hans Magnus Enzensberger merkte hierzu an: »Die ›herrschende Klasse‹ bringt seit langem keine eigene Kultur mehr hervor und gibt auch keinerlei Bedürfnis nach etwas Derartigem zu erkennen.«[4] Die Herren des Spiels täuschen sich selbst. Sie nehmen ihr Schauspiel ernst, betrachten ihr Spiegelbild im Kino, das sie für sich produzieren, begeistern sich wie Kinder angesichts von Spielen im Stadion, das sie bauen haben lassen, so als würden sie ihren Lügen, wenn sie sie in ihren Zeitungen lesen, Glauben schenken. Doch nur weil eine Sache lächerlich ist, bedeutet das noch lange nicht, dass über sie nur gelacht werden kann. Nehmen wir den fürstlichen Palast der Desmarais in Sagard, kommen wir noch einmal auf ihn zurück. Er erweist sich als ebenso »unbewohnbar« wie die gleich aussehenden Vorstadthäuser, von denen Theodor W. Adorno spricht. Doch mehr als seine Ästhetik des schlechten Geschmacks und der streng durchgehaltene monarchische Anstrich (wie in einem von der Familie produzierten Dokumentarfilm zu sehen ist, den Anonymous geleakt hat) zeugt dieses mondäne Leben von einer Ordnung informeller, wenngleich realer politischer Macht. Sieht man das Paar umgeben von erstrangigen Gestalten aus Politik, Finanzwirtschaft und Kultur, dann versteht man Folgendes:

1. Es existiert eine reale Machtordnung, die sich gleichwohl weder in irgendeiner konstitutionellen Form noch in einer öffentlich anerkannten Institution manifestiert. Weder Wahl, Gericht, Struktur noch Gegenmacht schränken diese Macht, die sich selbst feiert, auf formelle Weise ein.
2. Diese elitäre Ordnung, die verfassten Formen der Macht fremd gegenüber steht, schließt jedoch die traditionell anerkannten Machtformen in sich ein. Dies zeigt sich darin, dass sie Politiker und andere, mit formellen Institutionen verbundene Personen, die sogar von Institutionen des gemeinen Rechts verliehene Insignien, Orden und Auszeichnungen zur Schau tragen, in ihren Kreis aufnimmt, auch wenn dessen hierarchisches Gefüge in vollkommen anderer Weise funktioniert.
3. Diese Ordnung versammelt Eigentümer, Erben und Rechtsnachfolger, die ihre Vermögenswerte oder die von Banken und multinationalen Konzernen, die von ihnen kontrolliert werden, in gefälligen Gesetzgebungen – insbesondere in Steueroasen – registrieren, um Geschäfte am Rande der Legalität durchzuführen. In dieser Hinsicht agieren sie souverän, doch indem sie eine privatwirtschaftliche Souveränität ausüben, frei von jeglichem bekannten und anerkannten formellen Rahmen.
4. Die Definition und Beschreibung dieser neuen Machtgrundlagen ist von den Denktraditionen politischer Philosophie oder etablierten Formen konstitutioneller Theorie über die Souveränität des Staates weit entfernt. Sie zwingen zur Definition neuer Machtformen sowie zu einer semantischen Relektüre des politischen Textkorpus, der üblicherweise zur Beschreibung der Fortentwicklung unserer Welt herangezogen wird.
5. Desgleichen lässt sich diese Macht, in all ihren verschwiegenen, verschlüsselten, virtuellen und transnationalen Aspekten, mit den kritischen Theorien politischer Emanzipation nicht fassen, die Demokratie dialektisch denken als Auseinandersetzung zwischen einem Sprechen, das durch eine bestimmte Macht formell autorisiert wird, und einer von den Regierten kommenden polemischen Ablehnung

in dem Wissen, dass die Intelligenz gerecht verteilt ist. Hier besitzen die nichtamtlichen, wenngleich mächtigen Akteure paradoxerweise die Attribute von Proletariern: Sie haben keine Stimme, keinen Namen, keinen festen Wohnsitz und bisweilen keinen Platz im politischen Gemeinwesen. Vom ökonomischen Standpunkt aus betrachtet sind ihre Aktivitäten von entscheidender Bedeutung für das Schicksal von Gemeinschaften und die Modalitäten ideologischer Einflussnahme auf öffentliche Politik, doch rechtlich gesehen sind sie Phantome. Ganze Teile ihres Kapitals verschwinden in Offshore-Gebieten, und oft bereiten sie ihre schmutzigen Spielzüge in unseren doch sehr realen Volkswirtschaften mittels extraterritorialer Scheingesellschaften ebenso wie mittels Unternehmensanwälten, die als Strohmänner auftreten, vor.

Die Inhaber von Offshore-Souveränität befinden sich in einer Position, ihr Spiel mit dem Gesetz zu treiben. In willfährigen Steuergesetzgebungen können sie es nach Belieben umgehen, während ihnen zugleich der Sinn danach steht, dass es einzig und allein für ihre Konkurrenten aus den unteren sozialen Schichten bindende Wirkung haben soll. Zudem können sie dafür Sorge tragen, dass es durch Handlanger ausgearbeitet wird, die sie in den ausführenden Organen des Staates untergebracht haben.

In diesem miesen Oligarchentraum aus Sagard – wie in jedem Traum – gerät die richtige Ordnung von Rollen und Orten durcheinander. Was die politische *Vernunft* als antagonistisch dargestellt hatte (Lucien Bouchard versus Jean Chrétien), kommt hier zusammen; diejenigen, die an der Spitze von Institutionen als Träger öffentlicher Entscheidungsfindung stehen, werden auf das Maß bloßer Mitbürger zurückgestutzt (John Charest), während an der Spitze ein Bürger steht, der gleichwohl keine offiziell anerkannte Macht besitzt (Paul Desmarais).

Das kulturelle Kapital

Diese Versammlung bei den Desmarais fand, wie an einem Hof, weniger statt, um dem König die Vorzüge der Künste darzutun, denn um ihm die Möglichkeit zu bieten, sich selbst in Szene zu setzen. Im verklärenden Kitsch eines eigens für diesen Anlass gebauten Theatersaals, zusammen mit Politikern, Finanzleuten, Künstlern und Hofschranzen, die allesamt hofften, dort einen anderen Platz einnehmen zu können als jenen, der ihnen ihm Trugbild formeller Demokratie zugewiesen ist, wollte der Oligarch an jenem Abend das herzzerreißende Stück *J'aurais voulu être un artiste* (»Ich wäre gern ein Künstler gewesen«, Anm. d. Red.) zum Besten geben, wobei es nicht so sehr um das Spektakel selbst als um sein Vermögen ging, es finanzieren zu können. Auch hier ist es sein Kapital, das er auf der Bühne tanzen zu sehen oder aus einem Gemälde hervorzutreten wünscht. Der Oligarch mischt sich also nicht unter das Publikum, auch wenn er, kulturell betrachtet, denselben Trash mag. Er müht sich zwar ab, so zu tun, als befände er sich an einem Hof, was natürlich zugleich sein Traum wäre, doch geben sich der Finanzmagnat, Pressemogul und Treuhänder der Ölfirma Total sowie alle Anwesenden mit diesem Trugbild zufrieden. Und das ist umso erfüllender, je größer es ist, d. h. für ihn, wenn es endlos vermarktet werden kann. Das ist das Markenzeichen seiner Macht: in der Lage zu sein, einer ganzen Gemeinschaft seinen schlechten Geschmack aufzuzwingen und dessen Auswirkungen, ohne dass man sich dagegen wehren könnte, unter dem Stichwort »Kultur« zu propagieren.

Und so eilen in Sagard die Tenöre herbei, um sein Lebenswerk zu besingen. Diese private Darbietung bildet den Höhepunkt seines Phantasmas. Während Paul Desmarais auf dem Königsthron Platz genommen hat, betritt die Figur Paul Desmarais die Bühne, um mit der von Luc Plamondon höchstpersönlich geschriebenen Rockoper zu beginnen. Plötzlich wird sein Leben zur Phrase: seine heroische Unzufriedenheit, die er als Tugend verkauft, und sein irrer Größenwahn, den er in ein Gebot verwandelt. Mit beidem avanciert die Mittelmäßigkeit seiner Weltanschauung zum Vorbild. Als Schöpfer kann sich

Desmarais immerhin beglückwünschen, dass er zu jenen gehört, die Kunst einrahmen und auswählen, die für die Öffentlichkeit zu einer Referenz wird, sprich, gekannt und zitiert werden muss. Aus Mangel an ursprünglicher Schöpfungskraft steht er an ihrem Ursprung.

Im Zeitalter der technischen Reproduzierbarkeit des Kunstwerks sind es nicht mehr dieser oder jener Künstler, diese oder jene Schule, dieses oder jenes Fachgebiet, die von den Sponsoren unterstützt werden, sondern die Konsumprodukte einer Massenindustrie, die mit den anderen Tätigkeitsbereichen des Großkapitals vollkommen verbunden sind. Auf Grundlage dessen, was man konsumieren lassen will, wird die Fließbandproduktion festgelegt. »Lichtspiele und Rundfunk brauchen sich nicht mehr als Kunst auszugeben. Die Wahrheit, dass sie nichts sind als Geschäft, verwenden sie als Ideologie, die den Schund legitimieren soll, den sie vorsätzlich herstellen. Sie nennen sich selbst Industrien, und die publizierten Einkommensziffern ihrer Generaldirektoren schlagen den Zweifel an der gesellschaftlichen Notwendigkeit der Fertigprodukte nieder«,[5] schrieben 1944 bereits Theodor W. Adorno und Max Horkheimer in der *Dialektik der Aufklärung*. Ihrer Ansicht nach können bestimmte Ausnahmen diesem Gleichmachungsprozess durchaus entgehen, etwa die Schöpfung singulärer Kunstwerke, die gegen die gültigen ästhetischen Regeln verstoßen, doch dies wird manch distinguiertem Konsumenten, der auf den kleinen Unterschied, auf das gewisse Etwas schielt, schlicht genügen und keine radikale Umwälzung des Systems bewirken. »Alle Verstöße gegen die Usancen des Metiers, die Orson Welles begeht, werden ihm verziehen, weil sie als berechnete Unarten die Geltung des Systems umso eifriger bekräftigen«, schreiben Adorno und Horkheimer exemplarisch.[6] Im Grunde bringen die kulturellen »Güter« Individuen in Serie hervor, die den für das Kapital notwendigen Pool an Kunden und Mitgliedern bilden. In *Der eindimensionale Mensch* wiederholt der Philosoph Herbert Marcuse 1964 das Argument: »Wenn der Arbeiter und sein Chef sich am selben Fernsehprogramm vergnügen und dieselben Erholungsorte besuchen, wenn die Stenotypistin ebenso attraktiv hergerichtet ist wie die Tochter ihres Arbeitgebers, wenn der Neger einen

Cadillac besitzt, wenn sie alle dieselbe Zeitung lesen, dann deutet diese Angleichung nicht auf das Verschwinden der Klassen hin, sondern auf das Ausmaß, in dem die unterworfene Bevölkerung an den Bedürfnissen und Befriedigungen teilhat, die der Erhaltung des Bestehenden dienen.«[7] Die von Marcuse beschriebene Kulturlandschaft stellt sich als ein formaler und symbolischer Apparat dar, der die Verwalteten und Beherrschten liberaler Ordnungen dazu bringt, ihre psychische Energie in eine ihnen vorausgehende Sozialstruktur zu kanalisieren, die von den Herrschenden vorgesehen und ausgestaltet wird. Kino, Musik, Werbung und Massenmedien kodieren gemäß Stereotypen, was an Wunschmanifestationen und Äußerungen tief verwurzelter Triebe noch existiert. Reicht diese Erklärung auch nicht aus, überzeugt diese Reduzierung der »Kulturindustrie« auf einen Bereich des totalitären Lebens angesichts der Vielfalt und Wirklichkeit aller Werke nicht gänzlich, so gibt der Ansatz doch perfekt die Haltung der Finanzinvestoren ihr gegenüber wieder. Und die Art und Weise, wie die Kapitaleigner die Künstler zu unterwerfen trachten.

Künstler zählen nicht

So lässt sich die Parole besser verstehen, mit der Künstler traktiert werden, nämlich eher den Zwecken des Markts als denen ihres eigenen schöpferischen Ansatzes gemäß zu arbeiten. Künstler-Manager oder Manager-Künstler sein? Das ist hier die Frage. Die reichen »Philanthropen«, einer kunstbegeisterter als der andere, lassen sich durch solch eitle Zwiespälte nicht in Verlegenheit bringen: Was Geld angeht, so gibt es nur ein Wissen, und darüber verfügen diejenigen, die verstehen, wie man es hortet. Wir lieben doch die Kunst und die Künstler obendrein, man wird ja wohl nicht von uns erwarten, dass wir in Betracht ziehen, was sie über Wirtschaft denken. Es ist an ihnen, sich anzupassen. Und dies nicht zuletzt, weil sich die Geldgeber, indem sie Kunst und Künstler zum Besten unterhalten, als die wahren Schöpfer hinstellen, denn sie allein machen die Kunst überhaupt erst möglich.

Sie finanzieren sie nicht nur, sondern verausgaben sich von Aufsichtsrat zu Aufsichtsrat, um all ihre Strukturen zu managen.

Die Künstler, die von den »Investoren« geliebt werden, versuchen wiederum, auf ihre Weise »schöpferisch« tätig zu sein. Vor allem die internationalen »Erfolge« Céline Dions oder des Cirque du Soleil werden als solche aufgrund ihrer Geschäftszahlen und nicht so sehr nach ästhetischen Kriterien beurteilt. Von jetzt an reicht es nicht mehr aus, dass Künstler ihre für die Produktion von Kulturgütern erforderliche Arbeitskraft zur Verfügung stellen, sondern sie werden dazu angehalten, als Verwalter von Institutionen, die sie ausbeuten, aufzutreten, indem bei ihnen eine Lust an Entfremdung geweckt wird – was im Managerjargon »Leadership« heißt. Das Kriterium des *Unternehmertums* wird es künftig ermöglichen, diejenigen von den anderen zu scheiden, die bereit sind, sich an die Arbeit zu machen, anzupacken: Schöpfung, gewiss, doch Schöpfung von Unternehmen, Einkommen, Mehrwert, Arbeitsplätzen …

Kraft ihres kulturellen Kapitals formen nunmehr die Auftraggeber in ihren eigenen Schulen jene auserwählten Künstler. Der Unterricht an der HEC Montréal, einst, als noch Zeit zu vergeuden war, unter dem Namen École des hautes études commerciales bekannt, wird die zur kulturellen Governance Konvertierten dazu anhalten, sich nicht darüber zu informieren, was in Kreisen, die ihren eigenen fremd sind, gesagt oder gedacht werden könnte. Zur Untermauerung hier ein Auszug aus dem Lehrplan des HEC-Studiengangs Kunst- und Kulturmanagement von 2014: »Es ist wichtig, dass Kunst- und Kulturmanager über kulturpolitische Fragen in ausreichendem Maße informiert sind. Sie müssen in der Lage sein, über die vorgefassten Ideen und traditionellen Forderungen der Leute aus diesem Milieu hinauszugehen.« Die Kunstwelt stellt angesichts ihrer »Eigenheiten« in der Tat »eine ganz besondere Herausforderung« für aufgeklärte Manager dar, »wegen der Art des Produkts, das sie anbieten (kulturelle Werke [sic]), der Besonderheiten der Menschen, die im Zentrum ihrer Produktionen stehen (die Künstler), der Bedeutung dieser Arbeiten (Aufführungen, Kunstwerke oder symbolische Güter) für die Menschen, die nach ihnen verlangen«, schenkt man einem anderen Lehrplan derselben Institution Glauben. Die Künstlerin aber ist unverbesserlich. Sie neigt dazu, ihre Arbeit, ihr Engagement ernst zu nehmen und weniger die Institutionen, die sich um das Marketing kümmern, von dem ihre Arbeit abhängt. Deshalb müssen ihr an der Schule gute Manieren beigebracht werden, damit sie ihre Partner in anderer Form zu überzeugen vermag, als das bisher der Fall gewesen war (Farbspritzer, rotgetränkte Reden und andere Mätzchen), das heißt, indem sie Verkaufsargumente findet, die große Unternehmen dazu veranlassen, ihre Marken direkt auf die Verpackung ihrer Werke zu klatschen. Und sie wird nicht nur lernen müssen, diesen Umstand zu tolerieren, sondern ihn zu wollen. Sie wird aufhören, naiv zu glauben, das Vermögensinhaber durch die Zahlung von Steuern an den Anstrengungen der Kunst beizutragen haben. Die HEC Montréal, deren Vorstand Hélène Desmarais vorsitzt, wird dafür Sorge tragen, dass die Dinge in einer geschäfts- und verkaufspoetischen Gestalt formuliert sein werden, die dem bloßen Schein der Ordnung gerecht wird, indem sie beispielsweise »Entscheidungen des Managements« im Zusammenhang mit »ökonomischer Analyse der Kulturwirtschaft« behandelt.

Der gesellschaftliche Druck, diese Richtung einzuschlagen, wird immer größer. Jeder Künstler-Unternehmer, der etwas auf sich hält und der zur HEC-Religion konvertiert ist, schwadroniert nunmehr über »Organisationskultur, Governance, Zuteilung von Ressourcen und Beziehungen zwischen Künstlern und Führungsetagen sowie bestehende Machtdynamiken innerhalb und außerhalb dieser Institutionen«, wobei er in den »erfahrungsorientierten« Ansätzen, die gerade in Mode sind, die Schlüssel zur Ausübung eben dieser Macht erkennt. In Quebec werden 101 solcher Künstler einen ihrer Geldgeber und Käufer öffentlich bei seinen politischen Ambitionen unterstützen, ein Medienmogul, der, dem schlechten Geschmack nach zu urteilen, den seine Zeitungen unter Beweis stellen, die Kultur zu Grabe trägt. Was soll's. Werke werden zu Produkten, Künstler zu »Kulturpersonalabteilungen« und ihre Rezipienten zu »Konsumenten« und »Kunden«, und dies als Teil einer »Industrie«, die mit Hotel- und Gaststättengewerbe, Marketing und Materiallieferanten aufs Engste verknüpft ist. Die Kulturpolitik der Regierung von Quebec erklärte 1992 selbst: »Die Entwicklung der Kulturwirtschaft beruht sowohl auf exzellenter Kreativität als auch auf der Wettbewerbsfähigkeit der Unternehmen«. Das Vokabular von »Beraterfirmen im Kulturmanagementsektor«, die »kulturelles Mentoring« betreiben, wird sich nicht einmal selbst durchsichtig, denn diese neue Praktiken garantieren »Exzellenz«, ohne dass sich jemals die Frage ihres kritischen Verständnisses stellt.

Künstler *spielen das Spiel mit* und sind damit an einer neuen Form von Spektakel beteiligt. Sie erfinden, erweitern und festigen eine neuartige fiktionale Kunst, um die steuerlichen Vorteile eines Kulturunternehmens, das »Teil der Wirtschaftsleistung« ist, für wichtiger zu erachten als die von ihr angebotenen ästhetischen Konzepte. Diese, wie auch immer sie aussehen mögen, werden schließlich Abnehmer unter den Zielgruppen gut gemachter Werbekampagnen finden.

In der reinen Governance-Logik, derzufolge alle sich den Methoden privatwirtschaftlicher Unternehmen anpassen und unterordnen müssen, avancieren die verschiedenen »zuständigen« Ministerien und Kunstbeiräte zugleich zu »Partnern« großer Konzerne, die sie fiskalpolitisch ermuntern, »in Kultur zu investieren«. Einem derartigen Ansatz unterworfen, präsentiert sich die Kunst als eine treibende Kraft politischer Gleichmacherei, soziologischen Managements und industrieller Fließbandproduktion. Oder als »ein Motor für die Lebensqualität aller Menschen aus Montréal«, ein Werkzeug zur »Nachlass- und Steuergestaltung« sowie, in den Worten von »Unternehmensgründern« der Wirtschaftskammer der Stadt Montréal, eine Quelle für »direkte Spin-Offs mit einem Wert von nahezu acht Milliarden Dollar, sprich 6% des Bruttoinlandsprodukts (BIP) der Metropole«. Das war im Jahr 2011. Adornos und Horkheimers Kritik reichte noch nicht so weit.

Unterzieht er sich dieser Abrichtung nicht, ist der Künstler bedeutungslos, zählt er nicht. Wenn die Zahlen keine Auswirkungen auf seinen unbotmäßigen Verstand haben, warum sollte man ihn dann beachten? Was soll man etwa mit jemandem wie Stéphane Mallarmé anfangen, der vom Glauben abfiel, als ein paar Sparer in Panama von einem Unternehmen beklaut wurden? »Die Unfähigkeit der Zahlen, der großspurigen, zu übersetzen, entspringt hier einem Fall; den Hinweis ernst nehmend, dass, wenn eine Zahl ins Unwahrscheinliche zunimmt und abnimmt, sie immer mehr Nullen verbucht: was bedeutet, dass ihre Summe geistig gleich null ist, fast.« Vor allem darf der Künstler ohne unternehmerische Ausbildung niemals Zugang zu Geldtöpfen bekommen oder sich davon auch nur eine Vorstellung machen. Er liefe Gefahr, ein unlauteres Interesse für schmutzige Tricks, Blender, die Missbrauch betreiben, und rührselige Vorspiegelungen zu entwickeln. Damit riskierte der Ästhet die Erkenntnis, dass, was auf Finanz- und Verwaltungsebene betrieben wird, eigentlich zu seinem eigenen Kompetenzbereich gehört: die Inszenierung ökonomischer Rationalität, die Fiktion von Expertise, die Gleichsetzung von Sparern mit den Hauptakteuren des Markts und der theatrale Anschein, der Schrecken und Mitleid erregt. Um dies zu verstehen, muss man sich nur das Bedürfnis des Großkapitals anschauen, sich tagein tagaus in Szene zu setzen, sei es mittels einer Ikonographie, der selbst das nüchterne *Wall Street Journal* letztlich verfallen ist – schlüssig anmutende Grafiken, dynamisch verschwommene Fotos, um die Geschäftigkeit von *business men* zu veranschaulichen –, oder sei es mittels selbstgefälliger Biographien, die vollends die subtile Poetik von Entwicklungsromanen entfalten. Investoren, Führungskräfte und Händler posieren daher häufig auf Empfängen, die meistens dem kriecherischen Wettbewerb dienen. Weitgehend akzeptierte Seme wie »Zuversicht«, »Aufschwung«, »Wirtschaftslage« oder, unbezahlbar, »Leadership« füllen die Titelseiten der Finanzpresse, wobei auch sie narrative Elemente einbeziehen, die der Ästhetik des Kinos, des Theaters und der Literatur eignen. Der ganze Jargon, der uns heutzutage über Governance und Innovation aufgetischt wird, beruht auf genau derselben Farce. Die Wirtschaft und die Verwaltung der Weltgeschäfte basieren, je nach Drehbuch, auf einem geheimnisvollen Wissen … So wünschen sich die Investoren, dass die Künstler ein gutes Publikum abgeben und ihren Taschenspielertricks applaudieren.

Das ist jedoch nicht immer so. Wie viele unbotmäßige Künstler haben sich nicht selbst davon überzeugen können, wie sehr die von Aufsichtsräten berufenen Experten oftmals nichts von den Problemen ihrer Institutionen verstehen und dass es den aufgrund solcher Strukturen unterbezahlten Angestellten nur um den Preis ihres Ungehorsams gelingt durchzuhalten? Schnell kommen sie zu dem Schluss, dass es nichts dergleichen gibt wie eine Befähigung zum Managen, die von jedweder Praxis unabhängig wäre, ebenso wenig wie irgendeine Kommunikationskunst oder Marketingtechnik existiert, die man an der Universität erlernen und die ohne konkrete Vorstellung davon, was kommuniziert werden soll, funktionieren würde. Folgt man der Ideologie des Managements, so beschwört man Katastrophen herauf – was hört man nicht alles für Albernheiten im Namen von Innovation, Entwicklung, Transformation, Unternehmertum und Rentabilität! Künstlerinnen und Künstler wurden von Experten, die plötzlich das Kommando über ihre Institutionen übernommen hatten, aufgefordert, in Immobilien zu investieren, was sie mit Sicherheit ruiniert hätte (wenn sie die Richtlinien befolgt hätten), während andere auf »innovative« Vorschläge reagieren mussten, die nicht mehr und nicht weniger darauf abzielten, ihre Arbeit, ihre Berufung mit Blick auf vollkommen abseitige, »vielversprechende« Marktsektoren gänzlich zu ändern. Sehr oft haben diese inkompetenten Verwalter die »Autoritätsverweigerung« widerspenstiger Künstler scharf verurteilt, wenngleich sie durch ihre später getroffenen Entscheidungen die Stichhaltigkeit dieses Widerstands implizit bestätigt haben.

Und wenn sich Künstler bisweilen davon überzeugt zeigen, dass sie einem Wissen gegenüberstehen, das ihnen überlegen sein soll, dann stellen sie den Lehrenden Fragen, simple und präzise Fragen, die sie zur Weißglut treiben. Wie Gertrud Stein, Schriftstellerin und Sammlerin von Gemälden, die manisch über die Natur des Geldes nachdachte (»Ist Geld Geld oder ist Geld nicht Geld?«), um zwischen dem, was veruntreut oder gehortet, und dem, was in der konkreten, fühlbaren Wirklichkeit zirkuliert, zu unterscheiden. Ebenso unverblümt stellte der Bildhauer und bildende Künstler Joseph Beuys die Frage

»Was ist Geld?« und machte daraus den Titel eines seiner Bücher. Sein Postulat, jeder müsse »Künstler sein«, wenn wir zu einer Gesellschaftsform finden wollen, in der das Geld gerechte Verhältnisse schafft, bot allen bekannten Konventionen die Stirn. Denn anzuerkennen, dass wir alle Künstler sind, bedeutet, wenn man im Wirtschaftssektor tätig ist, zuzugeben, dass die Instrumente weitestgehend fiktiven Charakter haben, während Künstler aufgrund von Mitteln, die die Kunst an die Hand gibt, dazu in der Lage sind, Verwaltung zu organisieren und über Wirtschaft nachzudenken.

Im Übrigen wird dies von Behörden und Geschäftsleuten implizit bestätigt, wenn sie Künstler anweisen, »auch sie« müssten – ihren Ratschlägen folgend und ihrer Arbeitsweise entsprechend – mit anpacken. Doch was kann an ihrer »Expertise« so besonders sein, wenn beim kleinsten »Mentoring«-Praktikum oder »Mikroprogramm« einer Wirtschaftshochschule ihre Grundlagen erfasst werden können? Was ist so magisch an diesem Korpus, wenn selbst Künstler ihn durchdringen können, die doch gemeinhin am untersten Ende der Leiter wirtschaftlichen Durchwurschtelns stehen? Merkwürdige Position … Und wenn dieses Wissen letztlich niemandes Privileg wäre und es eine Regierungskunst gäbe, die nicht auf Kompetenzen irgendeiner bestimmten sozialen Kategorie beruhen würde? Und wenn es desgleichen keine ausschließlich künstlerische Art und Weise gäbe, die Dinge zu managen, sondern eine ästhetische Herangehensweise an die Ökonomie, die den Begriff von Wirtschaft im Hinblick auf Pluralität, Intelligenz und Konkretheit neu fasste? Antonin Artaud, ungestümer Mann des Theaters und durch die Einkommensungleichheiten, deren Zeuge er wurde, erschüttert, legte den Grundstein für ein sehr vernünftiges Prinzip: »Die Wirtschaft zu entflechten heißt, sie zu vereinfachen, das Überflüssige herauszufiltern, denn *der Hunger wartet nicht.*«

Und wenn wir außerdem erkennen würden, dass Literatur und Künste die Wirtschaft in den verschiedenen Fachbereichen, in denen der Begriff eine Rolle spielt, wieder hergestellt haben, ganz gleich welchen Ursprungs sie ist? Und wenn man sich bei der Lektüre von André Gides *Die Falschmünzer* daran erinnerte, dass die Wissenschaftler, bevor sie den Begriff »Ökologie« verwendeten, von »Naturökonomie« sprachen? In ihrem durch so viele Gesetze diversifizierten »Spektakel« hat die Natur, schreibt Gide, »alle der Materie und ihren Gesetzen innewohnenden Möglichkeiten genutzt und alle Lebens- und Fortbewegungsweisen der Reihe nach durchgespielt«, was ihn zu folgendem Ausruf veranlasst: »Wie sinnvoll das Fortbestehen anderer, ökonomischerer Formen!«[8] In diesem Satz schwingt mit, was schon der in Selborne ansässige englische Naturforscher Gilbert White im 18. Jahrhundert dachte. Er war der Ansicht, dass die Ökonomie der Natur eine Ordnung ausbildet, wenn die Kühe die Fische mit Futter versorgten, indem sie schlicht Mikroben von ihren Körpern fallen ließen, während sie sich, um sich abzukühlen, durch einen Sumpf bewegten. Ein Echo hiervon lässt sich bei Jean-Joseph Menuret vernehmen, jenem Biologen des 18. Jahrhunderts, der in der *Encyclopédie* von »Tierökonomie« spricht.

Liest man den Dichter René Char, wie er mit dem ersten Gedicht von *Zorn und Geheimnis* die Stille durchbricht (»Die Ökonomie der Schöpfung überflügeln, das Blut der Gebärden vergrößern, Pflicht allen Lichts.«),[9] so versteht man den inneren Zusammenhang zwischen Ökonomie und den umfassendsten und ältesten Organisationsformen, wie theologische Studien zur Frage des Bildes in Byzanz zeigen, das heißt zum Verhältnis wechselseitiger Abhängigkeit von Bildern und Symbolen, wobei erstere ihre Macht aus transzendenten Bezügen schöpfen, während letztere ihre Existenz der Vermittlung durch Bilder verdanken. Es ist bekannt, dass »Ökonomie«, einmal eingeführt, einen Begriff darstellt, der in vielen Fächern eine zentrale Stellung einnimmt, von der Soziologie Gabriel Tardes über die Literaturwissenschaft Gérard Genettes und die Philosophie Hermann Lotzes bis hin zur Linguistik von Algirdas Julien Greimas. Was zeigt sich angesichts dieser Verwertungskette, der sich die Ästhetik öffnet? Dass Wirtschaft keine Sache der Ökonomen ist. Dass sie allgemein mit den erhofften und fruchtbaren Beziehungen zwischen Elementen befasst ist, deren Bezug hergestellt wird. Welcher Bereich auch immer, die Ökonomie ist in keiner Weise ein Spezialgebiet, wie ihr

Gebrauch in allen kulturellen Praktiken ebenso wie in allen Wissensfeldern bezeugt.

Diese radikale Ökonomiekritik stellt weit mehr als nur eine alternative Deutung von Dogmen dar, die von denjenigen aufgestellt werden, die sich zu den Bewahrern ihrer eigentlichen Bedeutung erklären. Sie erlaubt zu verstehen, wie diese Banker des Sinns, diese »Ökonomie«-Apparatschiks, das Denken in die engen Grenzen ihres Fachs einsperren, vor allem wegen ihres partout nicht enden wollenden Gebrauchs bestimmter Begriffe, Modelle und Verknüpfungen. *Philosophie als Denken der Welt gemäß dem Prinzip des kleinsten Kraftmaßes*, wie der Titel des 1876 erschienen Werks des Philosophen und Biologen Richard Avenarius heißt, beschreibt den Denkakt als etwas, das singuläre und besondere Vorgänge abkürzt, um Ressourcenschonung im physiologischen Sinne zu betreiben. Aus einer biologischen Perspektive betrachtet ist Denken mit Kosten verbunden, und für den Körper ist es von Bedeutung, mit mentalen Kapazitäten sparsam umzugehen. Hierfür weist sich das Denken zu, was Avenarius »Aussagen« nennt. Ihre Funktion besteht darin, die Bedeutung besonderer Ereignisse oder dessen, was in steter Veränderung begriffen ist, zu neutralisieren, indem ihnen formalisierte Schemata entgegengesetzt werden, die an die Stelle von den konkreten Umständen entspringenden Reflexionen treten. Der Wert von »Aussagen« gründet in ihrem Vermögen, unterschiedlichsten Situationen zu entsprechen, indem sie sich immerfort mittels Aufbringung eines Minimums an Besetzungsenergie darauf einstellen. Sprich, was die sogenannten Wirtschaftswissenschaften in optimaler und exzessiver Weise tun. Es geht darum, in einem von ihnen unabhängigen Modell zu erfassen, was uns, die Gesamtheit des Existierenden betrachtet, bereits gemein ist. Dieses Prinzip ökonomischer Stabilität besteht, biologisch verstanden, darin, die Ausgaben für die Arbeit der Anpassung an die Veränderung maximal zu reduzieren. Derlei Ökonomie erklärt das Unvermögen derer, die sich als Experten ausgeben, die Ipseität, das Konkrete, die Ausnahme, das Singuläre zu denken und alles als zwecklos, ja gefährlich abzulehnen, was sich nicht ihrem blinden Modell fügt. In diesem Sinne ökonomisch ist ein Apparat, der mit minimalem Aufwand jede äußere Veränderung und jede Individualität zum Nutzen eines Systems – der Denkform der Wirtschafts-»Wissenschaften« – zu schlucken vermag, ein System, das aufgrund seiner Struktur alles, was es nicht versteht, zerstört. Verrückt wäre es zu glauben, das Fach, das sich den Namen »Wirtschaft« angeeignet hat, könne nicht fortbestehen in seinen regionalen Betrachtungen mithilfe offener Debatten, derer es schleunigst bedarf, als Feld der Analyse von Produktion, Rechnungswesen und Warentausch, jedoch vorzugsweise unter anderen Namen wie jenen, die sie schon einmal inne hatte (Chrematistik, Physiokratie und Ökonometrie).

Gleichwohl erinnert die Kunst daran, dass es so etwas wie eine spezifische Kunst des ökonomischen Denkens nicht gibt. Jeder und jede hat eine bewusste Vorstellung davon, wie er oder sie den Anderen, die Andersartigkeit intelligent handhabt, wie er oder sie beides managt. Auf dieses Vermögen nimmt die Ästhetik Bezug. Darin steht die Bedeutung der Ökonomie als solcher auf dem Spiel.

Porträt des Künstlers als Sozialarbeiter

Wie der Experte, so lässt sich in Krisenzeiten auch der den Parametern des Verwaltungswesens unterworfene Künstler mobilisieren. Während jener zu beschwichtigen versucht, indem er dem Unentschuldbaren und Skandalösen allen Anschein von Notwendigkeit und Rationalität verleiht, wird dieser ans Krankenbett der Opfer gerufen, um das Ereignis mittels unzähliger Benefizkonzerte und Unterstützungserklärungen zu entpolitisieren. Damit soll er zum Sozialarbeiter des kollektiven Lebens avancieren. Durch den Zwang, den die Erpressung der Mächtigen auf ihn ausübt, ist er in hohem Maße dazu angehalten, sich bei der kleinsten Katastrophe, deren Darstellung in den Medien ihm vielleicht als Eigenwerbung dienen kann, zu zeigen. Dies war der Fall bei der Tragödie von Lac-Mégantic, die sich am 6. Juli 2013 ereignete. An diesem Tag explodierte ein mit Öl beladener Zug direkt vor den Augen der Bevölkerung. Die für den Gütertransport zuständigen Unternehmen waren aufgrund ihrer Fahrlässigkeit und ihrer Habgier unbestreitbar dafür verantwortlich. Doch die Bevölkerung, in Tränen aufgelöst und zutiefst bestürzt, wurde von keiner blanken Wut erfasst, sie hat keinen Aufstand gemacht und ein Modell, das ein weiteres Mal sein zerstörerisches Potenzial unter Beweis gestellt hatte, nicht radikal infrage gestellt. Natürlich wurden Künstler (von privaten Unternehmen und Regierungsstellen) zu Hilfe gerufen, damit es beim Affektmanagement bleibt. Und dass sich vor allem kein kritisches Bewusstsein ausbildet.

Doch an diesem Tag hat sich kein *Unfall* in Lac-Mégantic ereignet. In der Nacht vor der Katastrophe wurde gegen 23 Uhr gemeldet, dass die Maschine, die später explodieren sollte, Feuer gefangen hatte. Um den Motor abzustellen, der bis dahin automatisch funktioniert hatte, waren die Feuerwehrleute gezwungen, das hydraulische Bremssystem auszuschalten. Schlecht abgestellt und gesichert, begann der sich wieder selbst überlassene Zug kurz vor ein Uhr seine Höllenfahrt. Mit den Worten des Büros für Transportsicherheit (BST) »gab es, weil weder Signal noch Zirkulation auf den Schienen darauf hinwiesen, für den zuständigen Fahrdienstleiter keine Anzeichen, dass ein Zug auf Abwegen unterwegs war.« Die Explosion mehrerer entgleisender Wagons, die jeweils mit 113 000 Litern hochentzündbarem, von inkompetenten oder zynischen Behörden nur mangelhaft ausgewiesenem Öl beladen waren, stellte keineswegs einen Unfall dar, sprich, ein »unvorhersehbares Ereignis« (*Le Robert*). Mehr als 1 000 Zugunfälle wurden 2012 vom BST erfasst. In Lac-Mégantic geschah, was geschehen musste. Um ihre Gewinnmargen zu erhöhen, reduzierte die Montreal, Main and Atlantic Railway (MMA), die für den Zug und die Gleise zuständig ist, die Investitionen in Sicherheitssysteme auf ein Minimum und externalisierte damit das Gefahrenrisiko. So setzte sie die Gemeinden, die sich entlang der Zugstrecken befinden, äußerst gravierenden Problemen aus. Sechs Millionen Liter Öl sollen dem Quebecer Umweltministerium zufolge aus den Kesselwagons ausgelaufen sein. Lobbyismus? Korruption? Das Kanadische Verkehrsministerium hatte der MMA 2002 ausnahmsweise genehmigt, ihre Züge mit nur einem einzigen

Lokführer besetzen zu dürfen. Die Regierung von Quebec, die von derlei Transportmodalitäten doch wohl Kenntnis gehabt haben muss, hat sich dem niemals widersetzt. Der Wert der in den Wagons enthaltenen krebserregenden Chemikalien war nach dem Unfall in der Region 394 444 mal höher als erlaubt, wie die Gesellschaft für den Kampf gegen Umweltverschmutzung (SVP) errechnet hat. Ungefähr 100 000 Liter Öl gelangten in den Lac Mégantic. Und weil dieser sich oberhalb des Chaudière-Flusses befindet, ist das Gebiet jetzt eine Quelle der Verschmutzung für den Rest von Quebec.

Künstler wurden herbeigerufen, um von diesem Verbrechen abzulenken. In Scharen wurden sie von der Macht geschickt, um einer erschütterten Gemeinschaft den Rücken zu stärken. Eine riesige Bühne wurde errichtet, um eine Vielzahl nationaler, das heißt Montréaler Größen willkommen zu heißen. Die Geldgeber hatten ihre Schäfchen ins Trockene gebracht: Auf den Gesichtern der unglückseligen Anwohner von Lac-Mégantic prangte den Rest des Sommers über das riesige Logo von Loto Québec. Schockiert von dem Vorfall, zeigt sich Mitgefühl, gewiss, doch noch keine kritische Distanz, damit sich dem involvierten Künstler folgende Frage aufdrängt: Werde ich manipuliert? Welchen Zweck erfülle ich innerhalb dieser Ordnung, die mich zum Trost der Opfer einsetzt, für die sie verantwortlich zeichnet? Bin ich nicht gerade dabei, der Behauptung, es handle sich schlicht um einen Unfall, Glaubwürdigkeit zu verleihen, indem ich Menschen zu Hilfe eile, die nur vorgeblich wollen, dass man sie tröste? Hat meine Kunst nur noch diese anästhesierende Funktion? Soll mein Auftritt wirklich dazu dienen, die Affekte zu isolieren und ihre Entladung zu verstärken, damit sie besser von jeder Bindung an ein konkretes Objekt abgehalten werden können? Die Spezialisten in Krisenmanagement, die von den großzügigen Beiträgen der Künstler profitieren, sind ihnen eine Länge voraus, um dank dieses Wettbewerbs eine Staatskatharsis zu organisieren. Als Ausbund guten Gewissens lädt Paul McCartney höchstpersönlich die Überlebenden und schwer getroffenen Mitglieder der Gemeinde ein, seinem Quebecer Spektakel beizuwohnen. Lac-Mégantic *goes people*. Urplötzlich ist der Skandal nicht mehr politisch. Der Gesang des Mitgefühls verdeckt ihn. So vermeidet die Macht jedwede falsche Note.

Bleibt nur noch, aus dem Ganzen ein Gemälde, ein packendes Stück für die Nachwelt zu machen. In der Ära des »künstlerischen Kapitalismus«, von dem Gilles Lipovetsky und Jean Serroy in ihrem Buch *L'esthétisation du monde* sprechen, hat unsere Ordnung die künstlerischen Praktiken soweit integriert, dass man sie ständig hinterfragen muss. »Je mehr die Kunst in den Alltag und in die Wirtschaft vordringt, umso weniger ist sie von hohen geistigen Werten geprägt; je mehr sich die ästhetische Dimension verallgemeinert, umso mehr erscheint sie wie ein bloßer Zeitvertreib, ein Zubehör, dessen Zweck einzig darin besteht, das gewöhnliche Leben in Schwung zu bringen, aufzuhübschen, sinnlicher zu machen.« Und das ohne jegliche Skrupel. Die Zerstörung der Innenstadt von Lac-Mégantic bot der Quebecer Regierung die Gelegenheit, den Wiederaufbau des Gebiets, dessen Bewohner unter Schock standen, ohne deren Einbezug zu planen. Die Macht beweist Geschmack, selbst in düsteren Zeiten. Nunmehr wird die Erinnerung an die Katastrophe ein Spektakel sein. Der Tatort wird mit einem gänzlich für Touristen bestimmten »Gedenkpark« überzogen, flankiert von einem zusätzlichen Einkaufszentrum. Das »Lac-Mégantic danach …« betitelte Schaubild, das im Netz zu finden ist, bestätigt die instrumentelle und strategische Rolle, die die Ästhetik in diesem Krisenmanagement spielt: Manipulation der Öffentlichkeit. Drei Monate nach der Katastrophe wurde geschätzt, dass 5000 Touristen in die Stadt strömen würden, um die Trümmer zu besichtigen. Da das »Schöne« nunmehr überall ist, jeder seinen eigenen Geschmack hat und niemand davon angewidert ist, dass alles zu einer Ware gemacht werden kann, wird die verwüstete Landschaft im Herzen von Lac-Mégantic von jetzt ab – die Kameras im Anschlag – ein lukratives Geschäft mit voyeuristischem Portfolio speisen.

Um den Übergang zu erleichtern, wird auf die Schnelle das Gesetz 57 verabschiedet, mit Hilfe dessen die Neustrukturierung des Gebiets durch die Quebecer Regierung geplant werden kann und das zahlreiche Bürger, deren Häuser gleichwohl verschont geblieben sind, mit

Enteignung bedroht. Zuerst hält man sie dazu an, von selbst wegzuziehen und ihr Haus zum Spottpreis an Unternehmer abzugeben, die von Sanierungsverträgen profitieren werden. Wenn, wie heutzutage, Fragen von Korruption im Bauwesen in Vorabendserien behandelt werden, dann stimmt einen das nachdenklich. In Lac-Mégantic führt die Ausnahmesituation, in die der Staat die Gemeinde nach der Explosion gestürzt hat, zu einer Übertragung der gesamten Macht an die öffentlichen Behörden. Das Mandat des Stadtrats wird verlängert, öffentliche Ausschreibungsprozesse abgekürzt und das Recht, Händler umzusiedeln und Anwohner zu enteignen, willkürlich angewendet. Der Preis beträgt 60 Millionen Dollar. Die Firma Pomerleau (erwähnt im März 2013 von einem Zeugen, der vor der Untersuchungskommission für die Vergabe und Verwaltung öffentlicher Aufträge in der Baubranche unter Vorsitz des Richters France Charbonneau zu Fragen von illegaler Finanzierung politischer Parteien durch die Vermittlung von Strohmännern befragt wurde) erhielt in beiderseitigem Einvernehmen den Auftrag zur Sanierung des Geländes und zur Bewertung der Böden. Sie soll auch die unterschiedlichen Etappen des Wiederaufbaus der Bahn planen. Einige Mitarbeiter von Subunternehmen haben bereits behauptet, dass sie aufgefordert wurden, langsamer zu arbeiten oder sogar rückgängig zu machen, was sie soeben gebaut hatten, um die Ausführung der Verträge zu verzögern …

Ein gestörtes Verhältnis zur Wirklichkeit

Wer kann sich noch lebhaft an das Unglück von Lac-Mégantic erinnern? So wie alle »Großereignisse« verlöschen diese »historischen Augenblicke«, die wir, wie es im Fernsehen heißt, »live miterleben«, sobald sie ausgeschlachtet sind. Bereits 1956 stellt der deutsche Philosoph Günther Anders in seinem Aufsatz *Die Welt als Phantom und als Matrize* das Fernsehen als schädlich für die Beziehung dar, die eine Gemeinschaft mit der Wirklichkeit herzustellen sucht. Selbst jemand, der dem Medium äußerst kritisch gegenübersteht, ist davon betroffen. Wenn er seine Wohnung verlässt, um sich mit Freunden zu treffen, dann nur um festzustellen, dass diejenigen, auf die er zählt, damit es, im gesellschaftlichen Sinne, eine »Wirklichkeit« gibt, zu einem Großteil zu Hause geblieben sind, um deren Simulakrum im Fernsehen anzuschauen. Weit davon entfernt, ein Massenmedium zu sein, ist das Fernsehen im Gegenteil eine Instanz zur *Entmassifizierung*. Sie unterteilt und isoliert die Subjekte, aus denen die Gemeinschaft gebildet ist, um ihnen zu gleicher Zeit und in gleicher Weise dieselbe Sache darzubieten. Man koexistiert auf gesellschaftlicher Ebene, um eine Wirklichkeit zu teilen, die man nur noch isoliert konsumiert. Das Fernsehen erzeugt damit ein neues soziologisches Wesen, den *Massen-Eremit*. »[…] und in Millionen von Exemplaren sitzen sie nun, jeder vom anderen abgeschnitten, dennoch jeder jedem gleich, einsiedlerisch im Gehäus – nur eben nicht um der Welt zu entsagen, sondern um um Gottes willen keinen Brocken Welt *in effigie* zu versäumen.«[10] Diese unnatürliche, zurechtgeschnittene, eingerahmte und formatierte Wirklichkeit liefert uns das Fernsehen ins Haus wie eine Ware, so sehr entledigt es uns, sie zu erleben und auszuagieren.

Das Fernsehen ermöglicht weniger zu erleben, was in der Ferne geschieht, als die Ferne dessen, was weit entfernt erlebt wird, zu negieren. Es scheint sich nicht auf etwas Großes und Tiefgründiges zu beziehen, etwas, das unabhängig von ihm existieren würde, denn es gibt sich so, als enthielte es, wovon es handelt. Paradoxerweise ist es die Entfernung dessen, was das Fernsehen überträgt, die negiert wird. Zunächst, weil sich der kleine Bildschirm eher als ein *Fenster* zur Welt denn eine Reproduktion derselben herausstellt. Er verfügt sein Bild nicht nach der Welt, insistiert Anders, sondern nimmt deren Platz ein. Sodass sich am Ende nur noch schwer unterscheiden lässt, ob man einem Ereignis nun medial beiwohnt oder physisch daran teilhat. Dann, weil die Programmleiter dafür gesorgt haben, dass die Persönlichkeiten aus dem Fernsehen intime Beziehungen zu ihrem Publikum vortäuschen. »Schalte ich den Präsidenten ein, so sitzt er, obwohl tausend Meilen von mir entfernt, plötzlich neben mir am Kamin, um mit mir zu plaudern. […] Erscheint die Fernsehansagerin auf dem Schirm, dann gewährt sie mir, in absichtlich unabsichtlicher Zu-Neigung, die tiefsten Einblicke, so als hätte sie etwas mit mir. […] Sie alle kommen also als intime oder indiskrete Besucher, sie alle erreichen mich als in bereits vorverbiedertem Zustande.«[11]

So transformiert die Fernsehtechnik die *Macht*, die dieses Mittel jenen verleiht, die darüber verfügen – einem Ereignis aus der Entfernung folgen, die Meinung seiner Mitbürger kennen können, ohne mit ihnen zu sprechen … –, in eine *Pflicht*: sich nicht mehr zum Ort des Geschehens zu begeben oder es durch gemeinsame Anwesenheit vor Ort zu erzeugen, nicht mehr mit seinen Mitbürgern zu sprechen. Die genehmigten »Ereignisse« sind jene, die das Fernsehen organisiert, mit Leuten, die je nach Bedarf als Darsteller fungieren. Derlei Fragmentierung ist ideal für den Handel, denn durch sie können die Warenverkäufer im Fernsehen Produkte präsentieren, die, vom affektiven Gesichtspunkt aus betrachtet, zu *Platzhaltern* der durch das Mediendispositiv untersagten sozialen Bande avancieren.

Die mediokratische Ordnung hört nicht auf, einen zu erdrücken. Man muss sich in ihrer Sprache an einer Kritik versuchen, wenn man will, dass sie über die Kreise von Eingeweihten hinaus trägt – insbesondere im Fernsehen. Die schädliche Magie dieses Mediums beruht, weiterhin nach Anders, darauf, dass es eine immer schon gedachte Welt, immer schon getätigte Aussagen präsentiert. Das Fernsehen versteht es vergessen zu machen, dass es »ein bereits gefälltes Urteil darstellt […]. *Um dem Konsumenten einzureden, dass ihm nichts eingeredet werde, verzichtet das in ein Bild verwandelte Urteil auf seine Urteilsform* […].«[12] Vom Standpunkt des Denkens aus gibt der Bildschirm nicht vor, ein intellektuelles Elaborat zu zeigen, sondern die bereits bekannte Wahrheit, die als fertiges Resultat geliefert wird, ohne dass man dabei die einzelnen Etappen, die zu ihm geführt haben, nachvollziehen muss. Fast Food für den Geist. Daher die große Schwierigkeit, im Fernsehen in seiner jetzigen Gestalt über etwas nachzudenken. Es ist für jeden schmerzlich, und zwar so, als würde einem der ganze Braten direkt in den Magen gerammt.

Obwohl es immer darum geht, *Gedachtes* zu senden, wird bisweilen versucht, in ihm zu überraschen, doch überraschen kann man nur, wenn man auch ins Fernsehen kommt. Doch der eigentliche Sieg des Fernsehens beruht, wie Chomsky angemerkt hat, auf der Tatsache, dass es zu immer weiteren Stellungnahmen in immer kürzerer Zeit zwingt. Es ist ein Behälter, ein Empfänger für Gemeinplätze, ein hervorragender Raum für Schlammschlachten. Jeder anders geartete, fundierte Inhalt wird aus ihm verbannt, so wie man einen Kern ausspuckt. Intellektuelle verstricken sich in derlei Drama, wenn sie versuchen, dieses wundersame Sprachrohr zu nutzen: sich vor hunderttausenden von Leuten, die man auf andere Weise verzweifelt zu erreichen sucht, derart zu exponieren, dass man es damit bis zur Selbstzerstörung übertreibt. Im Fernsehen geht man unter, man zeigt, was abgeht, damit es weggeht. Nichts davon bleibt zurück. Außer vielleicht – und darin besteht die Hoffnung – ein Zweifel, der einige und eventuell sogar mehrere dazu veranlasst weiterzugehen, aus dem Bildzwang herauszutreten.

Subversionierte Kunst

Einige Künstler wie Dries Verhoeven klagen darüber, dass die Institutionalisierung der Kunst in der jüngeren Geschichte doch so manchen den Mut verlieren ließ, subversiv tätig zu sein. Ihre Werke würden eine Standardisierung erfahren, um den Erwartungen von Kultusministerien, Museen und verschiedenen Akademien zu genügen. Seine Theaterperformance mit dem Titel *Ceci n'est pas …*, die er für zehn Tage im Frühjahr 2015 in Montréal mitten im Stadtzentrum gezeigt hat, versuchte, dem entgegenzuwirken. Die Aufführung schockierte. In einem Glaskäfig von gerade einmal zwei Quadratmeter Grundfläche vermochte eine Performance, die täglich variieren sollte, die Aufmerksamkeit jedes dahergelaufenen Schaulustigen auf sich zu ziehen. Über Stunden sah man einen Soldaten, der immer wieder seine Trommel zerstörte, einen schwarzen Hockeyspieler, der wie ein Zirkustier an einem Fuß angekettet war, eine aufreizend gekleidete kleinwüchsige Frau, die in einer Bar flirtete, ein fast nackter Vater, der seiner Tochter, die in Unterwäsche auf seinem Schoß saß, Märchen vorlas, eine Teenie-Mutter, ein im Süden arbeitender kanadischer Bergmann … Der Käfig ist durchsichtig und ist es doch wieder nicht. Denn in ihm treten immer noch Menschen auf. Es ist von Belang, dass man hier Menschen in einem Käfig sieht. Einen Menschen in einem Käfig zu sehen setzt nämlich voraus, dass man letzteren in die Vorstellung einbezieht. Was sich darin abspielt, läuft nicht so ab, wie es der gewöhnliche Anschein der dargestellten Szenen will. Man sieht den Soldaten, den Schwarzen, die Kleinwüchsige, das Mädchen, die Teenie-Mutter, den Bergmann nicht anders als im Käfig, trotzt der Bestrebung, wie in den meisten Tableaux vivants, eine »vierte Wand« (oder vier »vierte Wände«?) zu errichten. Das ist subversiv. Aufgepasst, hier wird schockiert! Am ersten Tag steht das sogar auf einem Schildchen, das als Legende dient. Doch es gibt hier ein Paradox. Dieses *Revival* von Kunst, die schockiert, um Formen der Institutionalisierung von Kunst zu subversiv anzugreifen, wird selbst subventioniert. Produziert im Rahmen des Festivals TransAmériques (FTA), das von Ministerien, Regierungsagenturen, Hotelunternehmen und Großmedien finanziert wurde, wird dieses offiziell als subversiv anerkannte Kunstwerk hier sehr ernst genommen und namentlich genannt. Man wollte subversiv vorgehen, doch innerhalb der von den Institutionen zur Kunstförderung vorgegebenen Parameter. Der »subversive« Akt lässt sich erkennen, gewiss, doch alles scheint, als hätte man den Funktionären irgendeines Kultusministeriums, die mit der angemessenen Kategorisierung des Stücks betraut waren, nach dem Mund geredet. Das ist Institutionalisierung in Reinform. Verhoevens Werk läuft darauf hinaus, Szenen von Judith Malina und Julien Beck, die zu einer Zeit provozierten, als das Living Theater die New Yorker in Verlegenheit brachte, noch einmal vorzuspielen. Diese Allgemeinplätze institutionalisierter Störung kennt man genauso gut wie Duchamps *Fontaine*.

Die üblichen Tabus werden durchgespielt, und keines darf fehlen. Der kleine Arbeiter-Soldat, der seine Trommel in der Art von Maschinenstürmern zerstört, die in sportlichen Zirkusspielen vorgeführten Schwarzen, die an die Kolonialausstellungen erinnern, der Vater und das sehr junge Mädchen, die fast nackt ein Märchen zusammen lesen und sich in einem gesunden psychischen, jedoch um Haaresbreite vom Inzest entfernten Gleichgewicht befinden, die Kleinwüchsige, die als aufreizender Single inmitten einer Kneipenkulisse erscheint, um von der Geschichte der Diskriminierung ihrer Sexualität zu handeln … Die »Subversion« stellt Hinweisschilder auf, und wenn unverständlich bleibt, was lang und breit kritisiert wird, dann hilft eine erklärende Legende oder ein informatives Lied: der Kampf gegen den Rassismus, die Kritik der kanadischen Außenpolitik, die Notwendigkeit körperlicher Kontakte zwischen Vater und Tochter, das Recht auf Unterschied im Kontext von Verführung … Man verharrt in den Grenzen dessen, was »subversionierte« Kunst beinhalten und leisten kann, eine Reihe von Plattitüden nämlich, die man jeden Tag in den großen Zeitungen, in von Regierungsstellen beauftragten Veröffentlichungen oder Unterhaltungssendungen im Fernsehen zu lesen und zu sehen bekommt.

Subversionierte Kunst schockiert in der Tat. Doch sie hat, indem sie es tut, keine subversive Wirkung auf das Publikum. Es sind der schlechte Geschmack, die Überheblichkeit, die Provokation oder die Beleidigung, die uns hier zu schaffen machen. Im Grunde aber wird unsere Intelligenz scharf angegangen: Es ist nur schwer zu glauben, dass ein Künstler uns mit dermaßen überholtem Kram schockieren zu können hofft. Was in diesem Glaskäfig zu sehen ist, ist die platte Wiederholung einer ausgelutschten Geste. Ein Zeuge dieses Theaters rief von der gegenüberliegenden Seite des Bürgersteigs aus: »Das Museum für zeitgenössische Kunst ist hier gleich um die Ecke, und weil ich mir gedacht habe, das wäre ›zeitgenössische Kunst‹, habe ich gar nicht richtig hingeschaut.« Das Lied kennt man.

Derlei Stereotype ferngesteuerter Subversion sind uns noch viel tiefgreifender zuwider. Sie ekeln uns an, ohne dass wir sofort verstünden, warum. Ist es, weil sie wie ein schlechter Schülerwitz klingen? Ist es der mangelnde Mut des Schöpfers? Das Gefühl, alles schon einmal gesehen zu haben? Die Antwort liegt wahrscheinlich in der gefährlichen Nachbarschaft der Begriffe Subversion und Perversion begründet, die der der Philosoph Mikel Dufrenne in seinem 1977 erschienenen Buch beschreibt, dessen Titel beide Ausdrücke auf brillante Weise nebeneinanderstellt. Bei der kleinsten Entgleisung geht man von der einen zur anderen über, und im Namen der »Subversion« kommt unverblümt eine perverse Lust zum Ausdruck, die man geflissentlich, jedoch nur oberflächlich, kritisiert. Wie vor einem Fernseher, der uns das einprägsame Bild eines schrecklichen Mords oder eines entwürdigenden Schlagabtauschs immer wieder vor Augen führt, während er die ganze Zeit vorgibt, die Sache anzuprangern.

Diese Szenen, die uns mitten im Stadtzentrum ins Gesicht geschleudert werden, um uns mit unseren vermeintlichen »Tabus« zu konfrontieren, indem Schauspieler und Schauspielerinnen in einen Glaskasten gesetzt werden – insbesondere ein junges Mädchen in BH, das in ihrem Alter bestimmt nicht an der Performance mitwirken darf und den ganzen Tag über von dummen Fußgängern gefilmt wird, das immer weniger eine Rolle spielt, je mehr sie durch die Schreie von Frauen, die ihre Teilnahme an dieser Aktion anprangern, abgelenkt wird –, diese Szenen erschaffen also vollends ein perverses Momentum. Pädophilie ausstellen, einen Schwarzen auf ein Zirkustier reduzieren, eine Kleinwüchsige in einer Aufmachung vorführen, die sein soll, was sich normale Frauen angeblich wünschen, auch wenn die feministische Bewegung derlei Reduktion bereits seit Jahrzehnten kritisiert, eine junge schwangere Frau stigmatisieren – das alles zu zeigen, darin gefällt sich das Werk, unter dem Vorwand, es lege ein Unbehagen frei, dessen sich das unglückselige Publikum schuldig fühlen sollte.

All das im Namen einer Überwindung von Kulturinstitutionen, wenngleich sie es sind, mehr als denn je, die mit diesem zwingenden Schritt ihre Fahrlässigkeit unter Beweis stellen.

Ein Weltbild aus Pappkarton

Andere gehen taktvoller vor. Der bildende Künstler Mitch Mitchell hat ein fruchtbares Unbehagen erzeugt in der Arbeit mit kleinen Containern aus Karton. Es sind einfache, jedoch mit lauter Bedeutungen aufgeladene Gegenstände, die sich zu hunderten nachgemacht, ineinander verschachtelt oder aufgehäuft in einem großen Raum befinden, in dem sie von einem erhöhten Rundgang aus betrachtet werden können. Man gelangt damit zu einer recht komplexen Sicht auf die riesige Industrie des Warentransports. Nicht unsere Sichtweise, sondern jene von Finanzakteuren und Technokraten, die dieses weltumspannende Unternehmen managen. Der Transport auf dem Wasserweg sowie die Warenüberproduktion verlassen plötzlich die Ebene der Abstraktion, die ihnen einen rationalen und erträglichen Anschein verschafft, um sich in ihrer unwahrscheinlichen, größenwahnsinnigen Ausbreitung zu zeigen. Anhäufungen von Minicontainern, zu hunderten nachgemacht und im ganzen Ausstellungsraum Sporobole in Sherbrook verteilt, erinnern an drei wichtige Etappen im Leben eines Containers. Mitchell zeigt uns zunächst die Lagerung von Containern, die endlos in einer riesigen zufälligen Anordnung zusammengestellt sind. Anschließend stellt er den Zeitpunkt ihrer Verladung in verschiedene Transportfahrzeuge nach. Schließlich zeigt er uns noch den letzten Abschnitt, den Verladeplatz der massiv zu einem unförmigen Ganzen aufgetürmten Container. Die Höhe des Blickwinkels, den uns die Installation verschafft – wie Riesen inmitten dessen, was plötzlich wie kleine Schachteln zu sein scheint, die stets Gefahr laufen, im Vorübergehen zertrampelt zu werden –, versetzt uns in die Situation des Managers, der in einem solchen Aufgebot nur mehr eine Wirkung seiner buchhalterischen Tätigkeit sieht. Jedes Element, für sich genommen, wird sinnlos. Der Karton, in dem jede Einheit verpackt ist, verstärkt diesen Eindruck der Bedeutungslosigkeit noch. Mitchell entscheidet sich dafür, am Ausgang der Ausstellung ein Muster zur Verfügung zu stellen, mit dem jeder Besucher sein eigenes Exemplar herstellen kann. Mitchell überwindet die klassische Spannung zwischen Ästhetik und Wirtschaft, indem er erstere benutzt, um den in der Welt der letzteren geltenden Blick aufs Ganze sichtbar zu machen.

Doch diese Managerperspektive kann auch zu einem kritischen Blick von oben einladen. Die Ausstellung weist uns darauf hin. Teilt man denselben ideologischen Standpunkt, so kann man versuchen, ihn zu überwinden. Viel spektakulärer ist Revolution nicht. Auf die buchhalterische Dimension reduziert, schattet der Blick aufs Ganze die sozialen, politischen und wirtschaftlichen Auswirkungen eines solchen industriellen Aufgebots ab. Offen für politische Fragen, die vom Werk aufgeworfen werden, bietet es Gelegenheit, Beziehungen zu dem zu knüpfen, was außerhalb der Reichweite jedes Individuums liegt, das die Dinge aus seiner Isolation heraus betrachtet. Die Container enthalten mehr als die Waren und Schmuckstücke, die von den Sträflingen im Orient für die Kaufkräftigen im Okzident hergestellt werden. Über geheime Routen transportieren sie auch kolumbianisches Kokain von Trinidad und Tobago nach New York oder Waffen aus der ehemaligen UdSSR nach Angola, wenn sie nicht zum Resonanzkörper für das Röcheln illegaler Einwanderer werden, die, von Marokko über Portugal kommend, den Sankt-Lorenz-Strom hinauffahren. Die Behälter sind eine sichtbare Manifestation blanker Wirklichkeit, die sie zugleich mit einer schalltoten Dunkelheit überziehen, Black Boxes in den Trümmern menschlichen Leidens, dem wir nicht nachgehen, von dem wir nichts hören wollen. Sie werden von Import-Export-Unternehmen gemanagt, die in Steueroasen ansässig, und von Schiffen transportiert, die in Freihäfen registriert sind, um in den Sweatshops der Freihandelszonen hergestellte Produkte zu laden. Die von ihnen transportierten Puppen, Plastikstühle und Knoblauchzehen sind Symptom für alles, was über Industriezweige, die die Arbeitskraft ausbeuten, als wären wir immer noch im 19. Jahrhundert, verschwiegen wird. Der Warenfetischismus als Fiktion der Selbstproduktion von Gütern findet in den Containern seinen Schauplatz.

Auf welche Wirklichkeiten beziehen sich die in diesen Black Boxes enthaltenen Geschichten? In den letzten Jahren wurden die Container im Bereich der Kunst verhandelt. Weil sie zum Schweigen bringen, was sie verraten, schockieren sie. Sie beeindrucken. Fotografen zeigen sie uns oft aus unmöglichen Perspektiven. Der Atem stockt, wenn man sie zu Zehntausenden monotone Industriegebiete bevölkern sieht, in den Vorstädten der Zentren, in denen fetischisierte Waren aufgeboten werden. In einer solchen Landschaft fotografiert sie etwa Andreas Gursky. Edward Burtynsky wiederum macht mit Bildern, die in nördlichen Industriehäfen aufgenommen wurden, die bleischwere Kälte greifbar. Das deutsche Theaterfestival Politik im Freien Theater verwendete 2005 eines seiner Bilder für das Festivalplakat. Der Fotograf Chris Jordan versetzt in Erstaunen, wenn er zeigt, wie sie an der Westküste der Vereinigten Staaten auf gewöhnliche Müllhalden verbannt wurden. Im Jahr 2005 gab es mehr als eine Million verlassene Container in der Nähe von US-Häfen. Natürlich sahen Investoren darin eine Geschäftsgelegenheit und verwandelten sie in lauter Module, die als Wohnungen, ja sogar als Gefängnisse genutzt werden konnten. Dieses Rückgewinnungspotenzial rief alsbald andere Künstler auf den Plan, die plötzlich versuchten, sie durch unzählige Vorschläge zu ihrer Wiederverwendung zu vermenschlichen. Der japanische Architekt Shigeru Ban trieb die Rückgewinnung so weit, dass er einen ganzen, nur aus Containern bestehenden Gebäudekomplex entwarf, ein Versuch, der von echtem ästhetischem Interesse ist. Manche haben sich auf ihre szenografische Verwendung spezialisiert. Andere Beispiele wurden unter dem Titel »Container 2.0« von der Website Architechnophilia.blogspot.com aufgelistet, es sind derartig effiziente Wiederverwertungen, dass wir den düsteren Aspekt der von ihnen »subvertierten« Ökonomie vergessen. Es wird ihnen neues Leben eingehaucht. Weniger um zu vergessen, wo sie herkommen, als um den Horrorgeschichten, die sie enthalten, eine Episode hinzuzufügen, die ihren Sinn zu retten vermag, verbunden mit der schlichten Hoffnung, dass eines Tages das makabre System, das sie überhaupt erst möglich gemacht hat, abgeschafft sein wird.

4 Die Revolution: Enden, was der gemeinsamen Sache schadet

Albert Camus schreibt kurz nach dem Erhalt des Literaturnobelpreises 1957: »Heute ist das alles anders, und selbst Schweigen bekommt einen gefährlichen Sinn. Vom Augenblick an, da die Stimmenthaltung selbst als eine Entscheidung angesehen und als solche bestraft oder gelobt wird, sieht sich der Künstler auf die Galeere verfrachtet, ob er will oder nicht. Verfrachtet scheint mir hier richtiger als engagiert. Denn es handelt sich für den Künstler nicht um eine freiwillige Verpflichtung, sondern viel eher um einen Dienstzwang. Jeder Künstler ist heutzutage auf die Galeere seiner Zeit verfrachtet.«[1] Wie jeder Künstler wird man auf rauer See geboren, ist zwangsläufig an Bord.

Doch bei der sachkundigen Produktion ideologiekonformen Wissens verschwört sich alles, um diesen Umstand für nichtig zu erklären. Man hält uns dazu an, das Wissen der Gegenwart als ein Unterpfand der Selbstversicherung, alles bleibe unter Kontrolle, zu managen. Das Wissen, das einzige, auf das es ankommt, sofern es sich selbst subventioniert und von Partnern und Komplizen anerkannt wird, stützt die Empirie. Dieses offizielle Wissen verleiht den Strukturen einen Sinn, der von den Mächtigen – den Geldgebern – als eine Naturgegebenheit erwartet wird, sodass die Institutionen der Macht durch diesen semantischen Mörtel in den Köpfen angeordnet und gefestigt werden können. Alles wird getan, damit kein schiefer Ton entsteht, es sei denn in der träumerischen Utopie verbohrter Intellektueller. Doch logischerweise bleibt der politische Bordgang notwendig. Weshalb es uns alle immer wieder drängt, unzeitgemäße und aufrüttelnde Fragen zur Gesellschaft zu stellen, obwohl wir glauben, diese Ausdrucksform dauerhaft in Randgebiete der Kritik verbannt zu haben.

Die marxistische Essayistin Rosa Luxemburg wies an der Wende vom 19. zum 20. Jahrhundert treffend darauf hin, dass niemand aus Liebe zur Krise und zur Katastrophe zum Revolutionär wird, sondern aus Furcht vor der Krise und der Katastrophe, in die uns die damalige Ordnung geführt hat. So erinnerte Luxemburg mit Blick auf die kapitalistische Ökonomie daran, dass diese ihrem eigenen Untergang entgegenliefe und zum Untergang jener Völker beitrüge, die sie ihrem Regime unterwerfen würde, weshalb es notwendig wäre, sie, insbesondere durch politischen Willen, zu stürzen. Es war eine Zeit, in der man eisern an Marx' Vorhersagen festhielt, die Friedrich Engels nach Kräften als »wissenschaftlich« – man lese: *positivistisch* – dargestellt hatte: dass der Kapitalismus strukturell, von sich aus dem Untergang geweiht sei und dass die revolutionären Kräfte eigentlich nur seinen Zusammenbruch fördern müssten.

Diese kompromisslose Lesart hat sich in anderen großen Ansätzen, die sich mit der scheinbar unaufhaltsamen Macht des Kapitals arrangiert haben, zunehmend verflüchtigt. Sozialdemokratie oder Sozialliberalismus haben darin bestanden, die Strukturen von Produktion und Finanzkapital unangetastet zu lassen und nur für eine Abschwächung der Formen der Ausbeutung von Arbeiterinnen und Angestellten zu kämpfen, die das System am Laufen halten. Bisweilen ging es sogar darum, das Kapital vor seiner eigenen Krisenanfälligkeit zu schützen, indem die von den Zauberlehrlingen des privatwirtschaftlichen Managements verursachten Folgen aufgefangen wurden.

Kritik, außerstande, die große Welt zu verändern, ist es manchmal auch gelungen, utopische, die Machtverhältnisse umkehrende Mikrokosmen zu erschaffen, indem sie sich in einer Welt, von der nichts mehr zu erwarten war, selbst marginalisiert hat, um selbst in den Mittelpunkt eines kleinen Ganzen zu geraten. Diese plebejischen Welten, reich an Ideen und Initiativen, in ihrer anmutigen Erneuerung demokratischer Prozesse durchaus beispielhaft, können sich auch zu Horten des Falschen entwickeln, wo das Rad neu erfunden wird, neue »Gesellschaftsverträge« aufgesetzt werden, die alle Mängel der alten enthalten und der Gewalt des Ursprungs, der Fundamente frönen, die, was ihr Ausmaß betrifft, der Gewalt bestimmter totalitärer Regime in nichts nachsteht. Auf die Kritik folgen Bekehrungseifer und Schwarz-Weiß-Denken.

Mit Inbrunst erzeugen Libertäre, Liberale und Libertarier den Anschein eines politischen Links-rechts-Spektrums, das ausschließlich um den Ruhe stiftenden Begriff der »Freiheit« kreist. Rechte und Prinzipien scheinen in Zusammenhängen, in denen diese Ansätze und Praktiken vorherrschen, oft wie Teile aus einem großen Warenlager aufzutauchen, die je nach Fall, Umstand und Interesse hochgehalten werden. »Meine Rechte« und das, was »ich will«, avancieren zum Motto, zum Teufel mit dem Rest! Mal wurde die Welt umgewälzt, mal zerstört, wobei sich heutzutage kaum noch vorstellen lässt, dass nicht noch mehr »Freiheiten«, sondern Zwänge geschaffen werden müssen. Es scheint nicht einmal mehr vorstellbar zu sein, die Schaffung von Zwängen, die wir uns im Namen des gesellschaftlichen Lebens auferlegen wollen, um die Möglichkeit von Freiheiten für alle zu gewährleisten, auf egalitäre Weise zu konzipieren.

Wir mühen uns ab, andersartige soziale Beziehungen in anderer Form herzustellen, während es zugleich unmöglich scheint, dass wir uns auch auf nichtromantische Art und Weise als Revolutionäre begreifen können. Es ist jedoch von äußerster Dringlichkeit, jenen Institutionen und Mächten ein Ende zu setzen, die der gemeinsamen Sache, sprich, der Revolution, ernsthaft schaden. Und sei es auch nur, um die Ökosysteme zu schützen, die den blindwütigen Zerstörungen seitens der Großindustrie und der Hochfinanz noch entkommen können oder um Wirtschaftskreise dazu anzuregen, Milliarden armer Menschen, die bis auf die Knochen unter einer irrsinnigen Ausgrenzung leiden, in ihre Überlegungen miteinzubeziehen.

Kündigt sie sich zu deutlich an oder wird sie sogar herbeigejubelt, besteht die große Gefahr, dass aus der Revolution nichts weiter als ein Element in *the game* wird, von dem die Besitzenden und Erben unerbittlich zu profitieren verstehen. Luchino Viscontis Film *Der Leo-*

pard bringt dies wirksam zum Ausdruck: Der revolutionäre Handstreich kann sich als eine Welle struktureller Veränderungen erweisen, die die Eliten unterstützen, damit sich gerade nichts ändert. Revolution in einem nichtromantischen Sinne zu denken bedeutet, an keiner vorgefertigten Konzeption festzuhalten, was und wie sie zu sein habe. Es geht mehr darum, in diesem Ausdruck eine Notwendigkeit zu erkennen, als diese oder jene besondere Taktik oder unvermeidbare Bewegung der Geschichte festzulegen. Enden, ein Ende setzen: Die allerorten stattfindende Zerstörung der Ökosysteme muss jetzt aufhören, ebenso wie das Zermalmen der Völker im Zuge der Ausbeutung durch Arbeit im Bergbau und die Finanzlogik, die die grausame Schere zwischen Arm und Reich immer weiter auseinander zieht. Den Institutionen eine Ende zu setzen, die dem Gemeinwohl schaden, kann sich durchaus als jener historische Schritt erweisen, für den die Umstände selbst zu sorgen vermögen, jedoch auch tragisch verlaufen, wenn nichts getan wird, um den Katastrophen, in die sie uns stürzen, einen anderen Verlauf zu geben. Wir sind zum Handeln aufgerufen, unsere Verzweiflung und Ratlosigkeit lässt sich nicht mehr verbergen. Was tun? Irgendwas. Gleich welche Haltung, die sich von den desaströsen Formen der Mediokratie befreit, und gleich welche Idee, die zur Schaffung eines gerechten öffentlichen Lebens beiträgt, Fortschritte sind wie immer ohne Gewähr. Für Patrice Loraux ist »eine linke Politik eine Politik, die nicht weiß, wohin sie geht«. Es gilt, die ausgetretenen Pfade des prophezeiten Untergangs zu verlassen, um eine Abzweigung zu nehmen, auf der sich der durchschnittliche Vorstädter herumtreibt, der an jenem Tag zu zweifeln anfängt, an dem es ihn mehr kostet, sein Auto vollzutanken, als er am Ende des Tages verdient. Wenn die Leier der Ideologie nicht mehr zieht, dann ist es an der Zeit, dass mit souveräner Macht zusammen/gebrochen wird. Das ist die Pascalsche Wette, auf die Politik angewendet. So tun, als ob unsere Handlungen zwangsläufig dazu neigten, einer verheerenden Ordnung im großen Maßstab ein Ende zu setzen und sich über ihre Anmaßung, uns mit kleinen Happen abzuspeisen, hinwegzusetzen; auf den Tag zählen, an dem das Vertrauen der Mehrheit in ihre Diskurse zu schwanken beginnt; mit ihrer offenkundigen und schreienden Verlogenheit rechnen; ein Denken vorantreiben, das nichtsdestotrotz von Vorsicht gegenüber sich selbst geprägt ist; glauben, dass die eigenen Taten dazu berufen sind, in der Geschichte Erfolg zu haben, damit sie gegebenenfalls tatsächlich statt haben und Raum greifen werden.

Zusammen/Brechen

An diesem Punkt geht das Problem der Korruption, des korrupten Systems über die Fragen von Einflussnahme, Schmiergeld und Vorzugsbehandlung, worin es für gewöhnlich Gestalt annimmt, hinaus. Dies sind nur Symptome. Korruption besteht viel grundlegender in einem Prozess radikaler Transformation. Sie rührt zutiefst am Wesen einer Sache.

Ein altes Buch, *Über Werden und Vergehen* von Aristoteles, trägt in zweierlei Hinsicht zur Definition des Begriffs bei. In diesem Werk, das den Büchern III und IV seiner Physik entspricht, versucht Aristoteles zu klären, was Korruption bedeutet. Sie tritt nicht auf, wenn sich etwas einfach nur verändert, wenn etwas korrodiert, sofern sich einige seiner Eigenschaften oder Merkmale ändern. Zum Beispiel verändert sich ein Metallstab, der vom Heißen ins Kalte wechselt, aber er korrumpiert, vergeht noch nicht. Korruption findet nur statt, wenn sich eine Sache in einem solchem Maße, in derart tiefgreifender Weise transformiert, dass ihre Natur, ihr Wesen nicht mehr wiederzuerkennen ist. Korruption findet statt »nicht durch Zusammenschluss und Trennung [von Grundbestandteilen], sondern wenn etwas aus diesem in dieses als Ganzes sich wandelt.«[2] Eine Sache korrumpiert, wenn sie eine Veränderung »in ihren konstitutiven Faktoren«, in ihren Grundelementen erfährt. Wenn etwa aus dem Samen Weizen wird, korrumpiert er, um etwas anderes hervorzubringen. Der Prozess bewirkt die Entstehung von etwas, das bis in seine Grundbestandteile hinein anders ist.

Dann legt Aristoteles nahe, Korruption als einen Prozess zu definieren, der früher oder später ein Ende findet. Korruption endet. Ihre Bewegung kommt zu einem Abschluss. Dergestalt ist Korruption keine Nebensache, kein lokales Problem, kein Kratzer. Vielmehr kommt man nicht umhin, sie als Angriff aufzufassen. Korruption kann daher nicht weiterhin im Sinne einer Störung oder eines bloßen korrosiven Elements betrachtet, sondern muss von ihren Auswirkungen her gedacht werden. Denkt man über den Korruptionsprozess nach, so ist man zu einer positiven Reflexion über seinen Ausgang angehalten. Da aus der Korruption etwas resultiert, folgt aus dem Nachdenken über sie notwendigerweise das, was aus ihr hervorgeht – die Konsequenz, die neue Sache, die am Ende des Prozesses erscheint –, zu bezeichnen. Von welchem Stand aus ist man zu welcher neuen Sache gelangt?

Korruption kann es nicht ewig geben. Mit anderen Worten, so etwas wie grenzenlose »Korruptivität« existiert nicht. Korruption ist ein Vorgang, der als solcher innerhalb der von ihr bewirkten radikalen Transformation ein Ende findet. Was etwa die politischen Sitten und das öffentliche Leben betrifft, so kann nicht über Jahrzehnte hinweg von Korruption öffentlicher Institutionen und politischer Grundsätze gesprochen werden, ohne danach zu fragen, was durch die so bezeichneten tiefgreifenden Veränderungen aus ihnen geworden ist.

Wir befinden uns historisch und gesellschaftlich an einem Punkt, wo wir uns sagen: Korruption hat es gegeben. Und wenn dies der Fall ist, was ist das Ergebnis? Worin und womit finden wir uns wieder?

Das ist die Arbeit der Philosophie. Sich nicht mit umfassender Kenntnis der Klassiker zufrieden zu geben, um mit ihnen abstrakte Ordnungen zu entwerfen, aufgrund derer die kontingente Ordnung der Dinge von Gelehrten negativ bewertet würde. Sondern Begriffe zu schöpfen, die die neue Ordnung, die aus der Abwicklung der Korruption resultiert, zu fassen vermögen. Wie lässt sich benennen, denken und ordnen, was aus der Korruption folgt, diese radikal neue Sache, Struktur, Ordnung? Nicht mehr sagen: Irgendwie bedroht die Korruption die Demokratie, sondern aus dem korrumpierten Demokratieprinzip erwächst eine neue Ordnung, die auf den Namen »Governance« hört. Die korrumpierte Universität führt zu fachkundigen Wareninstitutionen. Die korrupte Wirtschaft macht den Weg frei für die Finanzoligarchie. Korrupte Institutionen des Rechts treten in den Hintergrund zugunsten von privaten und kostspieligen Instanzen der Streitbeilegung. Selbstverständlich gilt es, sich weder mit Parolen noch mit bloßen Namen zufrieden zu geben. Wir müssen Formen und Verfahren dieser neuen Instanzen beschreiben. Über ihre Funktionsweise nachdenken. Und darüber, wie wir uns ihnen in den Weg stellen können.

Lasst uns das demokratische Prinzip als korrumpiert erachten. Beweis: Die managementmäßige Transformation der Welt kommt unter der Nomenklatur der *Governance* zum Tragen. Öffentliche Institutionen sind verschrien als ein Hort von Leuten, eine Gruppe von Privilegierten (Beamte und Amtsinhaber), vor denen man sich in Acht nehmen muss. Scharfmacher ordnen an, dass ihnen Interessenverbände aus »Zivilgesellschaft« und Privatwirtschaft entgegenzutreten haben, um die von ihnen ausgehende Gefahr zu bannen. Bürgerschaft lässt sich nur noch denken als eine Ansammlung von Akteuren, die sich in der Art kleiner Lobbyisten für ihre privaten Interessen einsetzen. Das Ziel eines solchen Systems ist einfach: Allen ungleichen Akteuren bleibt nichts anderes zu tun als Partnerschaften zu knüpfen, wobei die kleinsten Spieler versuchen, ihre kleinen Interessen auf jene der größeren aufzupfropfen – für eine Gemeinschaft bedeutet das beispielsweise, die Bohrungen eines multinationalen Konzerns auf ihrem Territorium positiv umzudeuten. Der moralische Befehl bezieht sich auf die Partnerschaft, insofern beide Seiten innerhalb eines vollkommen unausgewogenen Kräfteverhältnisses doch bitte offen füreinander sein sollen. Unterdessen machen sich all die starken Begriffe demokratischer Geschichte wie *Volk*, *Gemeinwohl* und *öffentliches Gut* klammheimlich aus dem Staub.

Es gilt, auch den Rechtsstaat als eine Idee zu betrachten, die durch Steueroasen und andere begünstigende Gesetzgebungen tiefgreifende Veränderungen erfahren hat. Staaten, die vor den Augen von handlungssouveränen Investoren gegeneinander antreten, geraten alle in eine Spirale von Steuer-, Regel- und Rechtsdumping. Typische Steuer- und Rechtsoasen sind nicht mehr nur Länder wie die Bahamas, Luxemburg oder Singapur, sondern Kanada, Delaware in den USA, Österreich, Irland oder die Elfenbeinküste. Sie alle »offshorisieren« ganze Teile ihrer Gesetzgebung, um Verwaltungsbereiche, die nach dem Laissez-faire-Prinzip funktionieren, zu Gunsten von Industriekonzernen, Finanziers und organisiertem Verbrechen, die seit langem schon *transnational*, das heißt unabhängig von staatlichen Rahmenbedingungen arbeiten, einzurichten.

Und es gilt, sich letztlich einzugestehen, dass die Ordnung, in der wir heutzutage leben, nicht mehr die Demokratie gefährdet, sondern ihre Drohung bereits war gemacht hat. Nennen wir sie Plutokratie, Oligarchie, parlamentarische Tyrannei, Finanztotalitarismus … Diskutieren wir darüber, wie die Grundzüge dieser ultraprivaten Macht angemessen bestimmt werden können. Eine Sache, die sie auszeichnet und auf der sicherlich ihr oligarchischer Zug beruht, ist ihr Vermögen, jedwede soziale Aktivität derart zu vereinnahmen und zu kodieren, dass sie in den Prozess von Kapitalisierung und Bereicherung derer, die an der Spitze der Hierarchie stehen, integriert wird und somit an diesem teil hat. Handelt es sich dabei um singen, Briefmarken sammeln, mit einem Ball spielen, Balzac lesen oder Motoren bauen, die Oligarchie sorgt dafür, dass auch nur der kleinste sozialisierte Vorgang einer Verwaltung von Vorschriften und Codes unterliegt, die die Konzentration der Macht an der Spitze fördern. Jede menschliche Aktivität ist so organisiert, dass das Kapital derer, die die Gesamtheit der Vorgänge überschauen, zunimmt. Das macht uns in jeder Hinsicht arm.

Die angemessene Bezeichnung dieser Regime erfordert schließlich, dass wir uns ihnen widersetzen, wenn wir Demokraten sein, ja, wenn wir sie in der Geschichte stürzen sehen wollen. Deshalb: mit dieser neuen Ordnung brechen. Den schädlichen und zerstörerischen Logiken Abbruch tun. Uns kollektiv befreien. Gemeinsam Schluss machen. Zusammen-brechen.

Es ist an uns, die etablierte Ordnung grundlegend zu verändern. Von nun an bilden wir die korrumpierende Kraft. Wir müssen nur noch die schrecklichen Formen zusammen-brechen, um neue zu schaffen.

Doch zurück zu Aristoteles. Der klassische Philosoph betrachtete die Korruption, das Vergehen, nicht ohne das Werden. »Bei den Substanzen ist das Werden des einen immer Vergehen des anderen und Vergehen des einen Werden des anderen.«[3] Man erzeugt eine neue Situation aus jener, die man hinfällig werden lässt. Erzeugen und Korrumpieren gründen in demselben Vermögen, ja haben denselben Ursprung. Was unterscheidet beide Vorgänge?

Ohne explizit moralische Urteile zu fällen, neigt Aristoteles dazu, das Phänomen des Werdens, der Entstehung auf »der positiven Seite der Gegensätze« zu verbuchen. Was wird, steht auf der Seite des Besseren. Und die Korruption damit auf der Seite des Schlechteren. In seinem Buch gibt er das Beispiel des Wissens, das im Werden gründet, während das Unwissen der Korruption entstammt.

Ohne den Text strapazieren zu wollen, lässt sich dennoch ausmachen, dass das Werden in dem beruht, was positiv aus einem radikalen Transformationsprozess folgt. Das politische Programm, eingespannt zwischen *corruptione* (Vergehen) und *generatione* (Werden), besteht dann darin, ein politisches Projekt ebenso wie ein Ziel substanzieller Veränderung der Dinge in einer Form zu denken, die uns wünschenswert erscheint.

Hier und jetzt stellt sich eine Polysemie her, die der komplexen Wirklichkeit angemessen scheint: ein Prozess des Vergehens, Korruption, der den besten unserer gemeinschaftlich gehegten Vorstellungen Abbruch tut, und ein Prozess des Werdens von Roten Plätzen, Occupy-Bewegungen, (Arabischen) Frühlingen und emanzipatorischen Bestrebungen, die trotz ihre mannigfachen Fehler auch weiterhin versuchen, die Grundfesten mediokratischer Institutionen zu erschüttern und zu untergraben.

Danksagung

Dieses Buch führt Artikel und Beiträge aus Zeitschriften und Sammelbänden zusammen, die ich an anderer Stelle veröffentlicht habe. Zu Dank verpflichtet bin ich Eve Delmas vom Verlag Lux, die mich dazu ermuntert, ebenso wie Mark Fortier, der als erster die Zusammenstellung dieses Buchs gewünscht hat. Der Großteil der Texte ist das Ergebnis meiner Tätigkeit als Kolumnist der Zeitschrift *Liberté*, die sowohl der sorgfältigen Betreuung durch die Redakteure Pierre Lefebvre und Anne-Marie Régimbald als auch den Diskussionen mit ihrem Herausgeber, Philippe Gendreau, viel verdankt. Dem Vertrauen und der aufmerksamen Relektüre von Françoise Miquet, Chefredakteurin des Journals der Lehrbeauftragten der Universität Montréal, *Le Quorum*, schulde ich mehrere Texte über die Universität. Zuletzt danke ich Jeanne Lebel, Chefredakteurin der digitalen Zeitschrift *Découvrir* der Association francophone pour le savoir (ACFAS), die Texte, die sie für ihre Zeitschrift angefragt hat, treffend kommentiert zu haben.

Anmerkungen

Einleitung

1 Robert Musil, »Über die Dummheit«, in: *Tagebücher, Aphorismen, Essays und Reden*, Hamburg: Rowohlt, 1995, S. 918–938, hier S. 918.
2 Karl Marx, »Lohnarbeit und Kapital«, in: *MEW*, Bd. 6, Berlin: Dietz, 1959, S. 397–423, hier S. 400.
3 Ders., *Grundrisse der Kritik der politischen Ökonomie*, MEW, Bd. 42, Berlin: Dietz, 1983, S. 38.
4 Jean de la Bryuère, *Die Charaktere*, aus d. Franz. v. Otto Flake, Frankfurt/M.; Leipzig: Insel, 2007, S. 62 (»Vom persönlichen Verdienst, § 39).
5 Gustave Flaubert, »Préface [aux *Dernières chansons*, Poésies posthumes de Louis Bouilhet]«, in: *Œuvres complètes*, Bd. 6, Paris: Quantin, 1885, S. 157–185, hier S. 182.
6 Laurence J. Peter/Raymond Hull, *Das Peter-Prinzip oder die Hierarchie der Unfähigen*, aus d. Amerik. v. Michael Jungblut, Hamburg: Rowohlt, 2005, S. 44.
7 Hans Magnus Enzensberger, »Lob des Analphabeten«, in: *Mittelmaß und Wahn. Gesammelte Zerstreuungen*, Frankfurt/M: Suhrkamp, 1988, S. 61–72, hier S. 68.
8 Alexander Sinowjew, *Gähnende Höhen*, aus d. Russ. v. G. von Halle, Zürich: Diogenes, 1981, S. 370.
9 Ebd., S. 372f.
10 Edward Saïd, *Representations of the Intellectual. The 1993 Reid Lectures*, New York: Vintage Books, 1996, S. 73f.

1. Das »Wissen« und die Expertise

1 Max Weber, *Wissenschaft als Beruf*, Berlin: Duncker & Humblodt, 1930, S. 8.
2 Georg Simmel, »Der Begriff und die Tragödie der Kultur«, in: GA Bd. 12, *Aufsätze und Abhandlungen 1909–1918*, Bd. 1, Frankfurt/M.: Suhrkamp, 2001, S. 194–223, hier S. 201.

3 Ebd., S. 218.
4 Enzensberger, »Lob des Analphabeten«, S. 65 f.
5 Gilles Deleuze, »Vorwort: Eine neue Stilistik«, in: *Schizophrenie und Gesellschaft*, aus d. Franz. v. Eva Moldenhauer, Frankfurt/M.: Suhrkamp, S. 349–353, hier S. 351.
6 Charles Wright Mills, *Menschen im Büro. Ein Beitrag zur Soziologie des Angestellten*, aus d. Amerik. v. Bernt Engelmann, Köln: Bund, 1955, S. 213.
7 Marshall McLuhan, *Die mechanische Braut. Volkskultur des industriellen Menschen*, aus d. Amerik. v. Rainer Höltschl u. a., Amsterdam: Verlag der Kunst, 1996, S. 138.
8 Ebd., S. 167 f.
9 Warlam Schalamow, *Skizzen der Verbrecherwelt*, in: *Künstler der Schaufel. Erzählungen aus Kolyma 3*, aus d. Russ. v. Gabriele Leupold, Berlin: Matthes & Seitz, 2010, S. 401.
Denis de Rougemont, *Tagebuch eines arbeitslosen Intellektuellen*, aus d. Franz. v. Rudolf Jakob Humm, Frankfurt/M.: Hain, 1991. [Die folgenden Zitate folgen dieser Übersetzung, A. d. Ü.]
10 Die vorangehenden Zitate stammen aus Jacques Rancière, *Die Methode der Gleichheit*, aus d. Franz. v. Richard Steurer-Boulard, Wien: Passagen, 2014.

2. Die Wirtschaft und das Finanzwesen

1 [Deneault spielt hier und in der Folge mit dem Ausdruck *faire l'économie de*, was in erster Linie sich etwas ersparen, etwas einsparen, aussparen bedeuten kann. Darüber hinaus, buchstäblich gefasst, zielt er auf die totale Ökonomisierung des Lebens und Denkens ab – alles wird unter wirtschaftlichen Gesichtspunkten gefasst, rationalisiert, und so dem Geist, der Ratio, entzogen. A. d. Ü.]
2 Baltasar Gracián y Morales, *Das Kritikon*, aus d. Span. v. Hartmut Köhler, Zürich: Ammann, 2001, S. 378.
3 Georg Simmel, »Die Krisis der Kultur«, in: GA Bd. 13, *Aufsätze und Abhandlungen 1909–1918*, Bd. 2, Frankfurt/M.: Suhrkamp, 2000, S. 190–201, hier S. 194.
4 Georg Simmel, GA Bd. 6, *Philosophie des Geldes*, Frankfurt/M.: Suhrkamp, 1989, S. 298.
5 Ebd., S. 313.
6 Ebd., S. 319.
7 Ebd., S. 334 f.
8 Ebd., S. 34.
9 Ebd., S. 333 f.
10 Mills, *Menschen im Büro*, S. 11.
11 Albert Memmi, *Der Kolonisator und der Kolonisierte. Zwei Porträts*, aus d. Franz. v. Udo Rennert, Frankfurt/M.: EVA, 1994, S. 60.
12 Alexis de Tocqueville, *Fünfzehn Tage in der Wildnis*, aus d. Franz. v. Heinz Jatho, Berlin: diaphanes, 2013, S. 8.

13 Memmi, *Der Kolonisator und der Kolonisierte*, S. 57.
14 De Tocqueville, *Fünfzehn Tage in der Wildnis*, S. 24.
15 [»Bande« im kanadischen Französisch bedeutet auch »Stamm« im ethnischen Sinne. A. d. Ü.]
16 Mills, *Menschen im Büro*, S. 15.
17 Ebd., S. 20.
18 Zuerst die Centrale des syndicats du Québec (CSQ), dann verstärkt durch die Centrale des syndicats démocratiques (CSD), die Fédération des travailleurs du Québec (FTQ), die Fédération interprofessionnelle de la santé du Québec (FIQ), den Syndicat de la fonction publique et parapublique du Québec (SFPQ) und den Syndicat de professionnelles et professionnels du gouvernement du Québec (SPGQ).

Auch haben sie dies durch ihre Mitgliedschaft in der Coalition québecoise contre les ateliers de misére (CQCAM) getan. Hierzu gehören insbesondere die Alliance de la fonction publique du Canada/Québec (AFPC Québec), die CSQ, die Confédération des syndicats nationaux (CSN), die FTQ, der SPGQ ebenso wie der Syndicat des Métallos.

Die Gewerkschaftsbüros haben auch zeitweise daran gearbeitet, mehr Bewusstsein für die Gefahren zu schaffen, die Freihandelsabkommen für öffentliche Einrichtungen und Dienstleistungen darstellen, wie die Teilnahme vieler Verbände am Reseau québecois sur l'intégration continentale (RQIC), vor allem die CSD, die CSN, die FIQ, die FTQ und die SPGQ, zeigt.
19 Walter Benjamin, »Zur Kritik der Gewalt«, in: GS II.1, Frankfurt/M.: Suhrkamp, 1977, S. 179–203, hier S. 184.

3. Kultur und Zivilisation

1 [Der Freudsche Ausdruck *Besetzung* (wie in *Triebbesetzung*) wird im Französischen mit *investissement* (hier dann *investissement pulsionnel*) übersetzt. Der ökonomische Anklang besteht im Deutschen nicht, sodass in der Folge, wenn es angebracht schien, auf beide Ausdrücke zurückgegriffen wurde. A. d. Ü.]
2 Sigmund Freud, *Der Witz und seine Beziehungen zum Unbewussten*, in: GW Bd. 6, Frankfurt/M.: S. Fischer, 1950, S. 14.
3 Ebd., S. 15.
4 Hans Magnus Enzensberger, »Der Triumph der Bild-Zeitung oder Die Katastrophe der Pressefreiheit«, in: *Mittelmaß und Wahn*, S. 74–88, hier S. 82.
5 Max Horkheimer/Theodor W. Adorno, *Dialektik der Aufklärung. Philosophische Fragmente*, Frankfurt/Main: Fischer, 1996, S. 129.
6 Ebd., S. 137.
7 Herbert Marcuse, *Der eindimensionale Mensch. Studien zur Ideologie der fortgeschrittenen Industriegesellschaft*, Darmstadt: Luchterhand, 1979, S. 28.
8 André Gide, *Die Falschmünzer*, GW Bd. IX, aus d. Franz. v. Christine Stemmermann, Stuttgart: DVA, 1993, S. 152.

9 René Char, *Zorn und Geheimnis*, aus d. Franz. v. Johannes Hübner u. Lothar Klünner, Frankfurt/M.: Fischer, 1991, S. 13.
10 Günther Anders, »Die Welt als Phantom und als Matrize« (1956), in: *Die Antiquiertheit des Menschen*, Bd. 1: *Über die Seele im Zeitalter der zweiten industriellen Revolution*, München: C.H.Beck, 2002, S. 97–211, hier S. 102.
11 Ebd., S. 118.
12 Ebd., S. 161.

4. Die Revolution: Enden, was der gemeinsamen Sache schadet

1 Albert Camus, »Der Künstler und seine Zeit«, in: *Kleine Prosa*, aus. d. Franz. v. Guido G. Meister, Hamburg: Rowohlt, 1961, S. 13–31, hier S. 15.
2 Aristoteles, *Über Werden und Vergehen. De generatione et corruptione*, aus d. Griech. v. Harold H. Joachim, Hamburg: Meiner, 2011, 317 a 20.
3 Ebd., 319 a 20.